기업회생절차 역사상 최초의 회생성공 매뉴얼

기업회생절차의 성공하는 7가지 조건

설성화 지음

기업회생절차는 오래전부터 기업들의 무덤이었다.

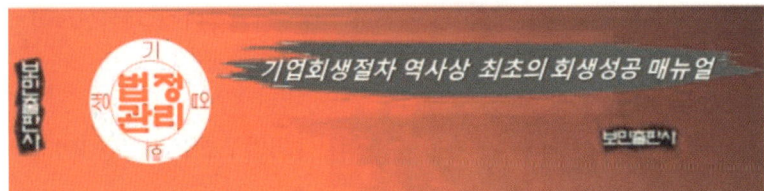

기업회생절차 역사상 최초의 회생성공 매뉴얼

보민출판사

저자 **설성화(薛聖和)**

저자의 이력은 회생기업경영관리사(기업회생절차 전문 자격증), 기업구조조정임원(CRO, 회생법원 파견직), ㈜한국기업회생경영자문 대표이사, 경영학박사(재무전공), 신용분석사, 신한은행 지점장, 은행 사내교수, 시중은행 지방은행 초빙 강의(기업분석, 기업금융마케팅, 협상 SKILL) 등이다.

부산 개성고등학교(구 부산상업고등학교)를 1980년 졸업 후 제일은행에 입사, 신한은행으로 1987년 이직 후 지점장으로 2016년 퇴직하였다. 은행 재직 중 방송통신대학교 영어영문학과를 1987년 졸업, 2010년에 국민대학교 대학원에서 금융보험MBA석사, 2017년에 경영학박사 학위를 인준받았다.

은행 퇴직 후 기업회생절차 전담직으로 법정관리 기업에 입사하여 회생절차의 신청부터 회생계획 인가 및 종결까지 회생실무를 경험하였고, 한국생산성본부에서 기업회생절차 전문 자격증인 회생기업경영관리사를 취득하였다.

현재 ㈜한국기업회생경영자문 대표이사, 기업구조조정임원(CRO), 서울보증보험 대리점 대표 등을 역임하고 있다.

추천사(推薦辭)

　　기업회생절차와 관련된 수많은 책이나 논문 등이 있지만 모두 법률 관련 절차적 지식에 관한 것뿐이다. 반면에 이 책은 기업회생절차의 신청부터 회생계획 인가 및 종결까지 성공할 수 있는 기술적 방법을 제시하고 있다. 이 책을 통해 모든 기업이 회생계획 인가에 성공하고 회생절차 종결에 성공할 수 있기를 바란다.

- 김박법률사무소 대표변호사 김관기

　　저자는 회생절차의 결과를 예측하고 예측한 결과를 통해 기업회생절차를 신청하면 회생성공 가능성을 최대화할 수 있다고 한다. 단순한 방법으로 보이지만 실패할 확률은 최소화하고 성공할 확률은 최대화할 수 있는 확실한 방법이라고 생각한다. 기업회생절차를 검토하고 있거나 시작하는 기업들에게 이 책을 강력히 추천한다.

- 아마존웹서비스코리아(유) 대표이사 함기호

　　기업회생절차에서 추정계속기업가치의 크기는 채무자 기업과 조사위원 사이에 항상 논란이 되는 가장 큰 문제이자 골칫거리이다. 그런데 이 책은 조사위원의 계속기업가치 추정 방법이 법리적으로 오류라는 것을 최초로 밝히고 있다. 만약 이 책이 밝힌 오류를 법원이 수용하여 채무자회생법에 반영한다면 기업회생절차의 효율을 획기적으로 높일 수 있는 엄청난 일이 될 것이라고 생각한다.

- 안세회계법인 공인회계사 김태경

2006년 이후 기업회생절차에서 회생절차 종결에 성공한 기업은 23%에 불과하다고 한다. 하지만 이 책은 '성공하는 7가지 조건'이라는 기술적 방법을 이용하면 회생성공 가능성을 최대화할 수 있다고 한다. 이 책이 시중에 널리 알려져서 모든 위기의 기업들이 이용할 수 있기를 바란다.

- 법무법인여의 대표변호사 오영신

저자에 의하면 기업회생절차에는 성공하는 기술적 방법에 관한 책이 없다고 한다. 그런데 이 책은 7가지 조건을 무조건 따라 하기만 하여도 회생성공 가능성을 최대화할 수 있는 방법을 사상 최초로 알려주고 있다. 그런 점에서 기업회생절차를 하고자 하는 기업들에게 정말 기대가 되는 책이다.

- (전) IT여성기업인협회 회장, ㈜데이타소프트 대표 전현경

이 책은 도산 위기에 직면한 기업들이 기업회생을 신청할 때 실제로 어떤 절차를 거치며 어떻게 성공할 수 있는지를 방법론적으로 자세하게 기술한 책이다. 위기의 기업을 회생성공의 길로 인도할 수 있는 실무형 지침서로서 기업회생 관계자들 모두에게 도움이 될 것으로 생각한다.

- 국민대학교 교수 정무권

시중에 기업회생절차와 관련된 책이 수없이 많이 있지만 회생에 성공할 수 있는 방법에 관한 책은 없다. 이 책은 회생계획 인가 및 회생절차 종결을 위한 기술적 방법을 제시한 유일한 책이라는 점에서 놀랍다.

- 명지대학교 교수 빈기범

대부분의 기업들은 회생성공 또는 실패 확률을 알지 못한 채 기업회생을 신청하는데, 이 책은 최초로 기업회생절차에 대한 각종 확률 통계와 함께 회생성공을 위한 방법을 제시하고 있다. 도산 위기에 있는 모든 기업에게 실질적으로 유용한 책이라고 생각한다.

- 법무법인나라 대표 변호사 박홍규

이 책은 기업회생절차를 신청하기 전에 신청 후에 결정되는 결과를 예측하면 회생성공 가능성을 최대화할 수 있다고 한다. 회생절차를 검토하는 기업들에게 실질적인 도움을 줄 수 있는 책이라고 생각한다.

- 대현회계법인 공인회계사 김영수

기업회생 제도는 일반인은 물론 법조계에 종사하는 사람들에게도 낯선 제도이다. 그러다 보니 어려움에 처한 많은 기업이 이 제도를 통해 회생하기 위해 회생법원의 문을 두드리지만, 회생에 성공하는 기업은 많지 않다. 이 책은 기업회생절차에서 고려해야 할 여러 문제점과 그에 대한 나름의 해결방안을 제시하고 있어 기업회생절차 개시신청을 고려하고 있는 기업인 및 기타 관계자들에게 길잡이가 될 수 있을 것으로 보여 추천한다.

- (전) 서울회생법원 관리위원 김동규

기업회생절차 시장에는 회생성공률 높은 변호사를 판별하는 방법을 알려주는 책이나 정보가 없다. 그런데 이 책은 전문 변호사를 판별하는 방법을 최초로 알려주고 있어 회생절차를 검토하는 기업에게 정말로 필요한 책이라고 생각한다.

- 유네코레일㈜ 대표이사, 공학박사 박동필

이 책은 기업회생 작업을 수행할 때 단순히 교과서적인 이론만이 아니라 구체적인 절차와 방법론을 세세하게 알려주고 있어서 절체절명의 위기 상황에 직면한 기업에게 매우 실질적인 도움이 될 것이다. 특히 저자의 오랜 실무경험으로부터 도출된 기업회생 성공의 7가지 조건은 급박한 상황에서 놓치기 쉬운 가장 핵심적인 포인트를 알려주는 지혜로운 조력자 역할을 할 것으로 기대된다.

- 유니슨㈜ 대표이사 박원서

사업은 성공과 실패를 거듭하면서 성장해 나간다. 그런데 '다시 한 번의' 기회가 주어진다면 얼마나 좋은 일이겠는가! 따라서 법정관리 기업에게 다시 한 번의 기회가 될 수 있는 법리적 절차와 유용한 길을 알려주는 지침서가 있다면 소중한 일일 것이다. 이 책은 법정관리 중에 정말로 필요한 생생한 경험적 know-how까지 알려준다는 점에서 엄청난 가치를 느낀다.

- <주> 비즈마켓 대표이사 허 탁

지난 수십 년간 기업들은 기업회생절차에 문외한이기 때문에 법원이 소송 지휘를 하는 대로, 변호사가 자문을 해주는 대로 회생절차 실무를 수행할 뿐 자신의 운명을 결정하는 회생절차에 적극적으로 대응할 수 없었다. 이 책은 7가지 조건을 따라 하기만 하여도 기업회생절차를 기업 스스로 주도하여 회생성공 가능성을 최대화할 수 있다고 한다. 이

책 이전까지는 몰라서 시키는 대로 했다면 지금부터는 이 책을 통해 기업들이 스스로 운명을 개척하고 회생에 성공할 수 있기를 바란다.

- 삼성전자 (전) 부사장 박경균

회생법원, 로스쿨, 학계 등에서는 통계에 기반한 보고서나 논문을 발표한 적이 없다. 그런데 이 책은 사상 최초로 2002년부터 2021년까지의 통계를 분석하여 전국 14개 법원을 평가하였고, 기업회생절차의 성공률이 평균 23%에 불과하여 회생절차이기보다 실패절차에 더 가깝다는 것을 밝히고 있다. 기업회생절차 역사상 최초로 통계를 이용한 책이라는 점이 매우 흥미롭다.

- 한국무역협회 전무이사 김고현

저자는 책에서 회생절차 종결성공률이 23%에 불과하여 기업회생절차는 회생절차가 아닌 실패절차에 더 가깝다고 강조하면서, 실패할 경우의 수를 회피하고 회생성공 가능성을 최대화할 수 있는 7가지 기술을 알려주고 있다. 모든 기업들이 이 책을 통해 회생성공을 기대할 수 있는 기업회생절차를 하기 바란다.

- ㈜ 미래티이씨 대표이사 김현태

머리말

은행 퇴직 후 절친으로 지내던 사장의 요청으로 그의 회사인 ㈜MILK에서 기업회생절차 회생실무 전담직을 맡았다. 기본지식조차 없는 상태에서 시작한 회생실무는 처음부터 모든 것이 너무 생소했고, 관련 법률과 규칙에 조금도 위반되지 않아야 한다는 스트레스로 인하여 회생계획 인가 날까지 하루도 편한 날이 없었다. 회생계획 인가결정이 있던 날은 직원들과 만세삼창을 했다. 인가까지의 모든 과정이 너무 힘들었던 만큼 회생계획 인가는 모두에게 엄청난 감격이었다. 그 후 ㈜MILK는 회생절차 종결결정과 함께 법원의 감독에서 완전히 해제되어 회생성공기업이 되었고, 대표이사는 채권자 법정동의율 획득 실패에도 불구하고 사장 개인의 일반회생을 강제인가 받아 필자는 법인·개인 모두에 대한 회생실무 전담직을 성공적으로 마칠 수 있었다.

회생계획 인가결정 후에는 더 이상 회생실무 전담직이 필요 없게 된 ㈜MILK를 퇴사했다. 그리고 기업회생절차에 대한 전문지식을 더욱 깊게 습득하기 위하여 한국생산성본부의 기업회생관리인 감사양성과정을 수료하여 회생기업경영관리사 자격을 취득하였다. 그 후 ㈜FTKC, ㈜GSTK, ㈜SUMT에서 회생법원이 지명하는 CRO(기업구조조정임원) 직무를 수행하면서 A에서 Z까지 기업회생절차의 전 과정을 자세하게 경험하였다. 그리고 CRO 직무 경험과 다른 회사들의 사례를 통하여 연구를 계속한 결과 도산절차를 법제화한 1962년 이후 단 한 번도 공론화된 적이 없는

아래와 같은 사실들이 있다는 것을 알게 되었다.[1]

- 채무자 회생 및 파산에 관한 법률(이하 '채무자회생법') 제1조에는 "이 법은 효율적인 채무자의 회생을 도모하는 것을 목적으로 한다."라고 명시하고 있다. 따라서 기업회생절차를 운영한 결과는 마땅히 효율적이어야 한다. 하지만 기업회생절차 신청 대비 회생절차 종결률은 채무자회생법이 시행된 2006년 이후 평균 23%에 불과하여[2] 기업회생절차는 "효과적"일 수는 있으나 "효율적"이라고는 할 수 없다.[3] 그럼에도 불구하고 기업회생절차에 대한 효율의 크기가 공론화되거나 문제화된 적이 단 한 번도 없었다.

- 기업회생절차는 신청 후에 진행될 회생절차에서 결정될 결과를 예측할 수 있는 구조이다. 왜냐하면 과거 진행한 기업회생절차의 과정 및 결과가 모두 거의 유사하거나 동일하여 기업의 재무상태를 회생절차의 과정에 대입하면 신청 후에

---

[1] 위 사실들이 단 한 번도 공론화되지 못하였다는 것은 참고한 수많은 논문과 문헌에서 사실과 비슷한 것조차 발견할 수 없었기 때문이다.

[2] 2006년부터 현재까지 기업회생절차의 통계를 보면 누적건수로 회생절차 신청이 11,325개이고 회생절차 종결이 2,583개이므로 비율로 평가하면 2006년 이후 회생성공률(회생절차 종결률) 평균은 23%이다.

[3] 사전(辭典)에는 결과의 높고 낮음과 관계없이 유의미한 결과만 나오면 '효과적'이며, 높은 결과가 나올 때 '효율적'이라고 한다. 따라서 평균 23%의 결과는 효율적이라고 할 수 없다.

결정될 결과를 예측할 수 있기 때문이다. 그리고 예측한 결과에 회생실패 요인이 있다면 회생절차 신청 전에 제거할 수 있으므로 회생성공 가능성을 최대화할 수 있다. 그럼에도 불구하고 회생성공 가능성의 최대화를 위하여 회생절차를 예측하지 않는 것이 공론화된 적이 단 한 번도 없었다.

- 기업회생절차 신청 기업들 대부분은 회생계획 인가율 및 회생절차 종결률을 알지 못한 채 회생절차를 신청한다. 따라서 확률로 본다면 기업회생절차는 복불복(福不福)이다. 기업회생절차의 사회적 공익기능에 비추어볼 때 복불복은 있어서는 안 될 결과이다.[4] 그럼에도 불구하고 '복불복 기업회생절차'가 문제화된 적이 단 한 번도 없었다.

- 조사위원은 계속기업가치 추정의 근거로써 확정사실만을 사용한다. 하지만 추정의 근거를 확정사실만으로 제한하는 것은 법리적·사전적 정의에서 오류이다. 왜냐하면 법리적 정의는 증거가 없는 것을 '추정'으로 인정하고, 추정으로 인정한 것에 증거가 나오면 더 이상 추정이 아닌 '사실'로 확인하기 때문이다. 따라서 확정사실만을 근거로 삼는 조사위원의 추정은 법리적 정의에서 오류이다. 또한 사전(辭典)은 "추정(推定)은 증거는 없지만 미루어 짐작해서 판단하는

---

[4] 헌재, 2012헌마569, 공보 제198호, 492 전원재판부, 2013. 3. 21, "출자전환 형식은 …(생략)… **공익**에 비하여 크다고 보기 어려우므로 …(생략)… 채권자의 재산권을 침해하지 아니한다."

것."이라고 정의하고 있다. 따라서 사전적 정의에서도 조사위원의 추정은 오류이다. 그럼에도 불구하고 조사위원의 추정 오류가 문제화된 적이 단 한 번도 없었다.

위의 사실들은 수십 년간의 시간에도 불구하고 단 한 번도 공론화된 적이 없었다. 필자는 그 이유를 위의 사실들이 법률가에게 비전문 분야이기 때문이라는 추정을 하였다. 즉, 기업회생절차는 전문 분야인 법과 비전문 분야인 기업이 결합된 특성이 있어 법률가의 눈에는 기업의 분야인 '예측'이나 '효율'은 잘 보이지 않고 법률의 분야인 회생절차의 '준법'만 보였을 것이며, 확정되지 않은 '예정사실'보다 '확정사실'만 보였을 것이라는 추정이다. 하지만 그동안 법률가들이 공론화할 수 없었다고 하여도 지금부터라도 기업회생절차는 상기 사실들과 함께 다음과 같이 개선되어야 한다고 생각한다.

- 기업회생절차의 성공률(인가율 또는 종결률)은 법에 명시한 목적대로 반드시 효과적이 아닌 효율적인 크기가 되어야 한다.

- 기업회생절차의 신청 여부는 향후 진행될 회생절차의 결정될 결과를 예측하고 그 결과에 따라 결정되어야 한다.

- 기업회생절차에 대한 분석 평가 보고서나 논문이 활성화될 수 있도록 관련 통계에 쉽게 접근하고 알 수 있게 하여야 한다.

- 기업회생절차 신청 기업이 법원 출석 교육에서 회생성공률,

실패율 등 확률을 알게 하여야 한다.

- 확정사실만으로 추정하는 조사위원의 계속기업가치 추정의 기준은 법리적 및 사전적 정의에서 오류이므로 오류를 바로 잡는 채무자회생법 실무준칙의 개정이 있어야 한다.

그동안 수많은 기업 및 임직원들이 기업회생절차에서 통한의 눈물을 흘렸다. 지난 2006년 이후 신청기업 11,325개 중 회생절차 종결에 성공하지 못한 8,742개 기업의 눈물을 비용으로 추산하면 1개 기업당 변호사 수임료와 법정예납금을 합하여 평균 1억 원일 때 회생절차 신청 비용은 약 8천800억 원, 1개 기업의 회생채권자가 평균 20개에 채권자당 회생채권액이 평균 1억 원일 때 회생채권 손실액은 약 17조 원으로 추산된다. 또한 1개 기업당 직원이 평균 20명일 경우 실업자는 약 18만 명에 달한다.[5] 이는 엄청난 사회적 피해이며 기업과 개인의 피해이다.

필자는 직접 경험한 기업회생절차에서 역지사지와 측은지심의 마음으로 위와 같은 피해를 당한 기업들의 대표와 임직원들의 눈물을 보았고, 회생절차이기보다 실패절차가 되어 버린 기업회생절차를 현장에서 목도(目睹)하였다. 그럼에도 불구하고 도산의 위기에서 살기 위해 불나방처럼 회생절차에 매번 달려드는 기업들을 보면서 반드시 이들을 위한 성공 매뉴얼을 만들어야겠다는 소명을 가지게 되었다. 또한 은행에서 20년 이상을 기업 분석 전문가로 활동하였고 퇴직 후 기업회생절차의 A-Z를 경험하고 전문 자격증을 취득한 필자가 매뉴얼 제작의 적임자

---

[5] 비용, 회생채권액, 실업자수 등은 필자가 경험한 기업들의 사례를 통한 추정이다.

라고 생각하였다. 그리고 오랜 연구 끝에 마침내 "기업회생절차의 성공하는 7가지 조건"이라는 매뉴얼을 만들었다. 이는 회생성공 가능성을 최대화할 수 있게 하는 최초의 기술적 방법서이며 매뉴얼이다.

성공조건 ①　　기업이 주도하는 기업회생절차

기업회생절차는 회생성공 가능성을 최대화할 수 있는 구조이다. 그럼에도 불구하고 그동안 아무도 최대화한 적이 없다. 따라서 기업회생절차의 회생성공 가능성의 최대화는 기업 자신이 직접 주도하고 실현하여야 한다.

성공조건 ②　　예측 결과에 의한 기업회생절차

회생절차에서 결정될 결과를 예측하고 그 결과를 통해 기업회생절차를 신청하면 회생실패 가능성은 최소화하고 회생성공 가능성을 최대화할 수 있다. 따라서 기업회생절차의 신청 여부는 회생절차의 예측 결과에 의해 결정하여야 한다.

성공조건 ③　　회생절차 예측 가능 변호사

예측 결과에 의한 기업회생절차는 예측해 주는 변호사가 있을 때 가능하다. 따라서 시장에서 예측 가능 변호사를 기업이 직접 판별하여 찾아서 법률대리 변호사로 선임하여야 한다.

성공조건 ④   회생절차 예측 가능 계약서

예측 결과에 의한 기업회생절차와 예측 가능 변호사는 법률대리 계약서로 예측 가능하도록 통제할 수 있다. 따라서 법률대리 계약서는 회생절차와 변호사를 통제할 수 있는 내용으로 작성하여야 한다.

성공조건 ⑤   기업회생절차 신청 타이밍

기업회생절차의 성공 여부는 신청 시점(Timing ; 타이밍)의 보유 현금예금 크기에 따라 결정될 수 있다. 따라서 기업회생절차의 신청은 현금예금 보유액의 최적 타이밍에 결정하여야 한다.

성공조건 ⑥   현금예금 · 적금 분산 관리

기업회생설자 개시신청이 법원에 접수된 후 대출기래 은행이 입출금계좌 지급정지 및 예대상계를 실행하면 회생절차 신청 기업은 운영자금 동결로 인하여 재무적 디폴트 또는 회생절차 수행 불능 상태가 될 수 있다. 따라서 회생절차 신청 전에 현금예금

· 적금 등을 대출거래가 없는 은행계좌로 변경하고 분산하여야 한다.

성공조건 ⑦   가지급금 및 체불 임금 정리

가지급금과 체불 임금이 있으면 회생법원 재판부가 도덕적 해이로 의심하여 회생절차를 기각할 수 있다. 따라서 회생절차 신청 전에 가지급금 및 체불 임금은 정리를 하여야 한다.

기업회생절차의 성공하는 7가지 조건은 그동안 단 한 번도 시도해보지 않은 회생성공 가능성을 최대화할 수 있는 국내 최초의 기술적 방법서이며 매뉴얼이다. 국내 최초의 매뉴얼이라고 하지만 기업회생절차 전문가라면 7가지 성공 조건은 누구나 할 수 있는 방법이라고 생각할 것이다. 하지만 기업회생절차를 법제화한 1962년 이후 지금까지 그 누구도 7가지 조건과 같은 방법을 시도해 본 적이 없다. 이는 매우 이상하면서도 놀라운 사실이다. 이것은 전 세계 모든 나라의 기업회생절차의 경우에서도 마찬가지 일 것으로 추정한다. 모든 기업회생 전문가들이 할 수 있는 그리고 동시에 그 어떤 전문가도 하지 못했던 방법이라는 점에서 기업회생절차의 성공하는 7가지 조건은 '콜럼버스의 달걀'이라고 생각한다.

필자는 "기업회생절차의 성공하는 7가지 조건"이 회생법원, 담당 판사, 관리위원, 조사위원 공인회계사, 변호사 · 법무법인, 회생전문가 육성 교육기관, 학회, 대학교 등 기업회생절차와 관련된 모든 곳에서 관심받기를 바라며, 이 책에 기재된 성공하는 기술적 방법이 널리 학습되기를 바란다. 또한 기술적 방법을 습득한 이들의 회생절차 현장에서의 활약을 통해서 기업회생절차가 법의 목적에 맞게 효과적이 아닌 효율적인 수단으로 정착하기를 바라며, 이 책을 통해 기업회생절차를 신청하는 모든 기업이 최소한은 회생계획 인가를 최종적으로는 회생절차 종결에 성공할 수 있기를 진심으로 바란다. 마지막으로 1962년 회사정리법 이후 그리고 2006년 채무자회생법 이후 회생보다 무덤이 된 모든 기업에게 이 책을 바친다.

저자 설성화(薛聖和)

목 차

1장. 오래전 무덤이 된 기업회생절차 29

1. 기업회생절차의 정리(整理) 30
   1) 기업회생절차의 통계 30
   2) 회생성공과 회생실패 34
      (1) 회생계획 인가는 절반의 회생성공 37
      (2) 기업회생절차 종결과 판사 업무량과의 상관관계 38
   3) 생존절차와 부속절차 41

2. 기업회생절차를 회생보다 무덤으로 만든 것들 44
   1) 복불복 기업회생절차가 만드는 무덤 46
   2) 블라인드(blind) 기업회생절차가 만드는 무덤 47
   3) 기업회생절차의 비효율이 만드는 무덤 49
   4) 견지망월(見指忘月) 기업회생절차가 만드는 무덤 51
   5) 신속한 기업회생절차가 만드는 무덤 54
   6) 심사절차에서의 무덤 61
   7) 조사위원이 만드는 무덤 62
      (1) 조사위원의 추정 오류가 만드는 무덤 64
      (2) 조사위원의 과소 추정이 만드는 무덤 71
      (3) 서로 다르게 추정한 조사위원의 사례 72

(4)　조건부 추정을 한 조사위원의 사례 73

2장. 기업회생절차의 성공하는 7가지 조건 75

1. 성공하는 기업회생절차가 되어야 하는 이유 76
2. 기업회생절차의 성공하는 7가지 조건 79
   성공조건 ①　기업이 주도하는 기업회생절차 83
   성공조건 ②　예측 결과에 의한 기업회생절차 86
   (1)　예측은 변호사에게! 결정은 기업에게! 90
   (2)　심사절차의 결과 예측(생존절차 1단계 예측) 92
   　(2)-1.　기각사유 94
   　(2)-2.　회생성공의 문을 여는 골든키 96
   　(2)-3.　회생절차개시신청서 작성 및 내용의 결정 96
   　(2)-4.　대표자심문 98
   　(2)-5.　대표자심문조서 작성 및 내용의 결정 99
   (3)　재산조사절차의 결과 예측(생존절차 2단계 예측) 100
   　(3)-1.　조사보고서의 결론 102
   　(3)-2.　재산조사절차에 대한 대응 전략 103
   　(3)-3.　재산조사절차 흐름도 107
   　(3)-4.　계속기업가치 추정 및 종합의견의 조사보고서
   　　사례　110
   (4)　관계인집회절차의 결과 예측(생존절차 3단계 예측) 115
   　(4)-1.　회생채권현금변제율 118
   　(4)-2.　회생채권현금변제율과 추정손익계산서와의 상관

관계　119
　　(4)-3. 회생채권현금변제율과 회생계획 인가와의 상관
　　관계　120
　　(4)-4. 몽니채권자와 회생계획 인가와의 관계 122
　　(4)-5. 회생계획 인가 흐름도 123
　　(4)-6. 회생계획안 작성 및 회생채권현금변제율의 크기
　　확정　125
　(5)　회생채권 변제 여부 예측(생존절차 4단계 예측) 129
성공조건 ③　회생절차 예측 가능 변호사 131
　(1)　회생절차 예측 가능 변호사 판별 132
　(2)　기업회생 전문 변호사와 일반 변호사 135
성공조건 ④　회생절차 예측 가능 계약서 138
성공조건 ⑤　기업회생절차 신청 타이밍(Timing) 143
　(1)　최소비용보상현금배율과 타이밍(Timing) 145
　(2)　최소 비용의 종류 146
　　(2)-1. 1회전 운전자본 146
　　(2)-2. 변호사 수임료 147
　　(2)-3. 예납금 148
　　(2)-4. 인지대, 송달료 149
　　(2)-5. 감정평가 수수료 150
　　(2)-6. CRO(기업구조조정임원) 급여 151
성공조건 ⑥　현금예금·적금 분산 관리 152
　　■ 예금의 가압류 및 지급정지의 해제 156
성공조건 ⑦　가지급금 및 체불 임금 정리 158

3장. 성공하는 기업회생절차를 위한 제언 162

1. 판사의 회생절차 업무량을 줄여라! 163

2. 법원(판사)의 업무수행 결과를 평가해라! 166

3. 회생 가능성 판단은 채권자에게! 회생절차 진행은 회생기관에게!
.... 168

4. 프랑스 기업회생 제도 173

4장. 기업회생과 워크아웃 비교 176

1. 기업회생이냐? 워크아웃이냐? 177
   1) 기업규모에 의한 선택 178
   2) 보증증권이 반드시 필요한 경우의 선택 179

2. 워크아웃은 화려한 독버섯일 가능성이 크다. 182

부 록 194

1. 도산절차의 국가별 변천사 194

2. 기업회생절차 일정표(사례) 197

참고문헌 202

그림 목차

[그림 1] 단계별 생존절차의 생(生)과 사(死) 42

[그림 2] 단계별 생존절차의 생(生)과 사(死) 비율 vs. 개시신청 43

[그림 3] 회생계획 인가 전 회생절차 폐지 건수 및 비율(63%) 63

[그림 4] 계속기업가치의 추정 근거 비교(회계이론 vs. 조사위원) .. 65

[그림 5] 예측 결과에 의한 기업회생절차 흐름도 89

[그림 6] 심사결과 예측 흐름도 94

[그림 7] 조사보고서의 결론 예측 흐름도 101

[그림 8] 관계인집회절차의 결과 예측 흐름도 117

[그림 9] 회생채권 변제 여부 예측 흐름도 129

표 목차

<표 1> 민사 회생합의사건 통계표 32

<표 2> 연도별, 법원별, 결과별 통계표 양식 32

<표 3> 기업회생절차 수행의 결과별, 연도별, 법원별 통계표 32

<표 4> 생산공정의 수율과 기업회생절차의 결과 54

<표 5> 기업회생절차의 새로운 제도의 생산 추세 60

<표 6> 인가 전 취소(폐지)의 경우의 수에 대한 추론 63

<표 7> 추정에 대한 사전적·법리적 해석 69

<표 8> 계속기업가치 추정 근거에 따른 경우의 수 104

<표 9> 회생채권현금변제율과 회생계획 인가 가능성 경우의 수 121

<표 10> 기업회생절차를 위한 최소비용 144

<표 11> 기업회생절차 신청 타이밍별 최소비용보상현금배율 145

<표 12> 조사위원 보수액 기준표 및 파산 예납금 149

<표 13> 은행 계좌 종류별 분신 조치 방법 154

<표 14> 프랑스 기업회생절차 요약 174

<표 15> 기업규모에 의한 선택 179

<표 16> 보증증권이 필요한 업종의 선택 181

<표 17> 주식지분 및 경영권 유지에 의한 선택 184

<표 18> 일반신용정보 관리 규약 185

<표 19> 기업회생절차 & 워크아웃절차 비교 186

<표 20> 기업회생절차 일정표 사례 194

<표 21> 개시신청 접수(회사정리절차, 기업회생절차) 2002년 ~ 2021년, 전국 14개 지방법원별 숫자 206

<표 22> 개시신청 절차의 진행(회사정리절차, 기업회생절차) 2002년 ~ 2021년, 전국 14개 지방법원별 숫자 207

<표 23> 개시결정 전 인용(회사정리절차, 기업회생절차) 2002년 ~ 2021년, 전국 14개 지방법원별 숫자 208

<표 24> 개시결정 전 기각(회사정리절차, 기업회생절차) 2002년 ~ 2021년, 전국 14개 지방법원별 숫자 209

<표 25> 개시결정 전 기타(회사정리절차, 기업회생절차) 2002년 ~ 2021년, 전국 14개 지방법원별 숫자 210

<표 26> 회생계획 인가(회사정리절차, 기업회생절차) 2002년 ~ 2021년, 전국 14개 지방법원별 숫자 211

<표 27> 개시결정 후 인가 전 취소(폐지)(회사정리절차, 기업회생절차) 2002년 ~ 2021년, 전국 14개 지방법원별 숫자 212

<표 28> 개시결정 후 인가 전 기타(회사정리절차, 기업회생절차) 2002년 ~ 2021년, 전국 14개 지방법원별 숫자 213

<표 29> 종결(회사정리절차, 기업회생절차) 2002년 ~ 2021년, 전국 14개 지방법원별 숫자 214

<표 30> 인가 후 폐지(회사정리절차, 기업회생절차) 2002년 ~ 2021년, 전국 14개 지방법원별 숫자 215

<표 31> 인가 후 기타(회사정리절차, 기업회생절차) 2002년 ~ 2021년, 전국 14개 지방법원별 숫자 216

<표 32> 개시결정 전 인용률(회사정리절차, 기업회생절차) 2002년 ~ 2021년, 전국 14개 지방법원별 비율 및 평균 217

<표 33> 개시결정 전 기각률(회사정리절차, 기업회생절차) 2002년 ~ 2021년, 전국 14개 지방법원별 비율 및 평균 218

<표 34> 개시결정 전 기타율(회사정리절차, 기업회생절차) 2002년 ~ 2021년, 전국 14개 지방법원별 비율 및 평균 219

<표 35> 회생계획 인가율(회사정리절차, 기업회생절차) 2002년 ~ 2021년, 전국 14개 지방법원별 비율 및 평균 220

<표 36> 개시결정 후 인가 전 취소율(폐지) (회사정리절차, 기업회생절차) 2002년 ~ 2021년, 전국 14개 지방법원별 비율 및 평균 221

<표 37> 개시결정 후 인가 전 기타율 (회사정리절차, 기업회생절차) 2002년 ~ 2021년, 전국 14개 지방법원별 비율 및 평균 222

<표 38> 종결률(회사정리절차, 기업회생절차) 2002년 ~ 2021년, 전국 14개 지방법원별 비율 및 평균 223

<표 39> 인가 후 폐지율(회사정리절차, 기업회생절차) 2002년 ~ 2021년, 전국 14개 지방법원별 비율 및 평균 224

<표 40> 회생계획 인가 후 기타율(회사정리절차, 기업회생절차) 2002년 ~ 2021년, 전국 14개 지방법원별 비율 및 평균......................... 225

<표 41> 기업회생 vs. 기업파산 추세 비교(2006년 ~ 2022년)............ 226

<표 42> 법인파산사건 신청 접수(2005년 ~ 2021년), 전국 14개 지방법원별 숫자... 227

<표 43> 법인파산사건 인용(2005년 ~ 2021년), 전국 14개 지방법원별 숫자... 228

<표 44> 법인파산사건 기각(2005년 ~ 2021년), 전국 14개 지방법원별 숫자... 229

<표 45> 법인파산사건 취하(파산선고 전)(2005년 ~ 2021년), 전국 14개 지방법원별 숫자... 230

<표 46> 법인파산사건 기타(파산선고 전)(2005년 ~ 2021년), 전국 14개 지방법원별 숫자... 231

<표 47> 법인파산사건 종결(파산선고 후)(2005년 ~ 2021년), 전국 14개 지방법원별 숫자... 232

<표 48> 법인파산사건 폐지(파산선고 후)(2005년 ~ 2021년), 전국 14개 지방법원별 숫자... 233

<표 49> 법인파산사건 기타(파산선고 후)(2005년 ~ 2021년), 전국 14개 지방법원별 숫자... 234

<표 50> 법인파산사건 인용율 vs. 파산신청 접수(2005년 ~ 2021년), 전국 14개 지방법원별 비율 및 평균......................... 235

<표 51> 법인파산사건 기각률 vs. 파산신청 접수(2005년 ~ 2021년), 전

국 14개 지방법원별 비율 및 평균 236

<표 52> 법인파산사건 취하율(파산선고 전) vs. 파산신청 접수(2005년 ~ 2021년), 전국 14개 지방법원별 비율 및 평균 237

<표 53> 법인파산사건 기타율(파산선고 전) vs. 파산신청 접수(2005년 ~ 2021년), 전국 14개 지방법원별 비율 및 평균 238

<표 54> 법인파산사건 종결률 vs. 파산신청 접수(2005년 ~ 2021년), 전국 14개 지방법원별 비율 및 평균 239

<표 55> 법인파산사건 폐지율(파산선고 후) vs. 파산신청 접수(2005년 ~ 2021년), 전국 14개 지방법원별 비율 및 평균 240

<표 56> 법인파산사건 기타율(파산선고 후) vs. 파산신청 접수(2005년 ~ 2021년), 전국 14개 지방법원별 비율 및 평균 241

기업회생절차의 성공하는 7가지 조건

1장. 오래전 무덤이 된 기업회생절차

기업회생절차는 오래전부터 기업들의 무덤이었다.

1. 기업회생절차의 정리(整理)

1) 기업회생절차의 통계

　전국 14개 법원에서 소송 지휘한 기업회생절차의 결과는 '회생절차 개시신청 접수, 개시결정 전(인용, 기각, 기타), 개시결정 후(인가, 취소(폐지), 기타), 인가 후(종결, 폐지, 기타)'로 구분되어 2002년부터 매년 통계로 집계되고 있다. 통계를 이용하면 기업회생절차의 결과를 법원별, 결과별, 추세별로 평가할 수 있고 평가를 통해 얻을 수 있는 기대효과도 있다. 즉, 기업회생절차 신청 숫자와 회생계획 인가

및 종결 숫자를 비교한 회생계획 인가율 및 회생절차 종결률로써 '기업회생절차 효율의 크기'를 평가할 수 있고, '기각결정, 개시결정, 인가 전 취소(폐지), 회생절차 종결' 등의 숫자를 신청기업 숫자와 비교한 '회생절차 개시신청률, 기각률 및 회생절차 개시율, 재산조사절차의 청산율 및 회생절차 계속률, 회생계획 인가율 및 불인가율, 회생절차 종결률 및 인가 후 회생절차 폐지율' 등의 항목으로 '각 단계별 회생절차의 결과'를 평가할 수 있다. 그리고 기대효과는 첫째, 기업회생절차 효율의 크기를 측정할 수 있고, 둘째, 효율의 크기에 영향을 미치는 요인을 파악하여 비효율적 요인을 제거함으로써 회생절차의 효율을 높일 수 있고, 셋째, 각 회생기관별로 보상, 승진, 해고 등의 인사 결정에 반영할 수 있고, 넷째, 회생기관에 대한 차별적 인사, 승진 등의 보상을 통해 회생법원 및 회생기관에게 성장과 발전이 되게 하는 동기부여 등이 있다. 하지만 위와 같은 기대효과에도 불구하고 정작 법원은 자신의 업무 수행 결과를 평가하지 않고 있는 것으로 추정된다.[6]

아래 <표 1> 민사 회생합의사건[7] 통계표는 법원이 집계하고 있는 통계표 양식이며, <표 2>, <표 3>은 이 책의 말미에 수록한 것들로서 기업회생절차의 결과를 분석 평가할 수 있도록 법원의 통계를 편집하여 필자가 만든 표들이다.

---

[6] 회생법원의 사무는 법원 홈페이지에 공개된 것만을 알 수 있을 뿐이며, 공개 자료에는 평가와 관련된 것이 전혀 없다.

[7] 채무자회생법에 기한 기업회생절차는 '민사소송'이며 '회생합의사건'이다.

<표 1> 민사 회생합의사건 통계표

제3절 20**년 사건의 현황(제1항 민사)
9. 도산관련사건표
 가. 회생(합의)사건

구분 법원	금년 접수	처리											
		개시결정 전				개시 후 인가 전				인가 후			
		인용	기각	기타	계	인가	취소(폐지)	기타	계	종결	폐지	기타	계
합계													
서울회생													
의정부													
인천													
수원													
춘천													
대전													
청주													
대구													
부산													
울산													
창원													
광주													
전주													
제주													

<표 2> 연도별, 법원별, 결과별 통계표 양식

법원	기업회생 개시신청 접수																	
	06년	07년	08년	09년	10년	11년	12년	13년	14년	15년	16년	17년	18년	19년	20년	21년	합계	비율
서울회생																		
의정부																		
인천																		
수원																		
춘천																		
대전																		
청주																		
대구																		
부산																		
울산																		
창원																		
광주																		
전주																		
제주																		
합계																		

<표 3> 기업회생절차 수행의 결과별, 연도별, 법원별 통계표

<표 21> ~ <표 31>	회생절차(회사정리절차, 기업회생절차)의 신청접수 등 2002년 ~ 2021년 전국 14개 지방법원별 숫자

<표 32> ~ <표 40>	회생절차(회사정리절차, 기업회생절차)의 인용률 등 2002년 ~ 2021년 전국 14개 지방법원별 비율 및 평균
<표 41>	기업회생 vs. 기업파산 추세 비교(2005년 ~ 2021년)
<표 42> ~ <표 49>	법인파산사건의 신청접수 등 2005년 ~ 2021년 전국 14개 지방법원별 숫자
<표 50> ~ <표 56>	법인파산사건의 인용률 등 2005년 ~ 2021년 전국 14개 지방법원별 비율 및 평균

필자도 이 책을 쓰기 전까지는 기업회생절차의 결과에 대한 통계가 있는지 몰랐다. 당연히 있을 것으로 생각한 서울회생법원 홈페이지에는 통계가 없었고 법원 총괄 홈페이지의 대국민 서비스 메뉴에서 어렵게 찾았다. 통계는 연구, 평가, 논문 등 모든 분야에서 사용되는 분석도구이다. 하지만 논문 검색 포털서비스에서 찾아본 결과 통계를 이용한 학술발표 자료나 논문은 없었다. 추측건대 학회, 대학 등 기업회생절차와 관련된 모든 곳에서는 필자가 몰랐던 것처럼 기업회생절차의 통계에 대해 모르고 있는 것으로 보인다.

2) 회생성공과 회생실패

　심리·결의를 위한 관계인집회에서 회생계획안이 인가되면 금융채무, 상거래채무 등 채무자 기업의 모든 부채는 회생계획에 기재된 권리변경의 내용대로 재무조정을 받는다.[8] 즉, 채권자가 보유한 채권의 일정액은 법률의 강제력으로 채무자의 자본금으로 출자전환되고[9], 채무자는 나머지 채무를 최대 10년간 무이자로 분할 상환하는 회생계획에 의한 재무조정이다.[10] 회생계획대로 무이자 분할 회생채권을 100% 전액 변제하면 기업회생절차는 종결된다. 하지만 회생법원은 회생채권의 100% 변

---

[8] 기업회생절차는 채무자의 모든 채무를 조정하지만 워크아웃은 금융채무만을 조정한다.

[9] 채권자의 출자전환 비율에 대한 세부규정은 없다. 다만, 통상적으로 총채권액의 50%에서 70% 사이에서 출자전환을 한다.

[10] 채무탕감 방식의 재무조정은 채권자에게는 재산권 침해가 될 수 있지만 채무자 기업에게는 파격적인 특혜라고 할 수 있다. 하지만 헌법재판소의 판례는 기업회생절차에서 회생채권의 출자전환을 채권자의 재산권 침해로 인정하지 않고 있다. 채무자 회생 및 파산에 관한 법률 제564조 제1항 등 위헌확인(헌재, 2012헌마569, 공보 제198호, 492 전원재판부, 2013. 3. 21)에서 "출자전환 형식은 채권자의 채권을 채무자에게 탕감해 주는 면책효과이므로 채권자의 재산권을 침해한다고 볼 수 있으나 채무자의 면책으로 인한 채권자의 불이익이 면책제도가 추구하는 공익에 비하여 크다고 보기 어려우므로 …(생략)… 채권자의 재산권을 침해하지 아니한다." 라고 판결하였다.

제가 아닌 회생채권의 변제가 시작되기만 하여도 회생절차를 종결시킨다.[11] 이를 '조기종결'이라고 한다. 실무적으로 종결결정이 되기까지 회생절차의 진행 과정을 순서대로 보면 '회생절차 개시신청 > 재판부의 심사절차 > 조사위원의 재산조사절차 > 회생계획안의 심리·결의를 위한 관계인집회절차 > 회생절차 종결결정' 등인데, 순서의 마지막인 회생절차의 종결결정과 함께 기업은 재판부에 의한 사전허가방식 경영에서 해제되어 독자경영을 하게 되므로 회생절차 종결을 최종적인 '회생성공'이라고 한다. 관리위원직무편람은 "회생절차 종결은 회생절차의 성공적 졸업을 의미한다."라고 하여 회생절차 종결이 곧 회생의 성공임을 말하고 있다.[12] 반대로 신청 후 약 15일째 진행되는 (1) 심사절차에서의 기각결정, 약 3개월째에 진행되는 (2) 재산조사절차에서의 조사보고서의 청산결론, 약 6개월째에 진행되는 (3) 심리·결의를 위한 관계인집회절차에서의 채권자 부동의에 의한 회생계획안 불인가, (4) 회생계획 인가 후 회생채권의 미변제 등 4 가지의 경우는 그 결과가 모두 회생절차 폐지이므로 '회생실패' 이다.[13]

---

[11] 채무자회생법 제283조(회생절차의 종결), "회생계획에 따른 변제가 시작되면 법원은 …(생략)… 신청에 의하거나 직권으로 회생절차 종결의 결정을 한다."

[12] 관리위원 직무편람(2018년) p.313

[13] 기각결정, 청산결론, 회생계획 불인가, 회생채권 변제 실패 등 4가지 회생절차 폐지의 경우에는 기업회생절차를 재신청할 수도 있으나 자금, 시간, 여건 등 여러 가지 문제로 인하여 대부분은 재신청하지 않으므로 4가지 경우 모두를 회생실패로 분류한다. 그리고 '회생성공, 회생실패'는 필자가 명명(命名)한 것이며 회생법원의 정식 용어가 아니다.

회생절차 종결은 채무자 기업 또는 채권자가 종결을 신청하면 아래 '종결요건 고려사항' 검토하여 재판부가 종결결정을 한다.[14]

<회생절차 종결요건 고려사항>

① 자산총액이 부채총액을 안정적으로 초과할 것

② 회생계획 수행에 필요한 자금조달이 가능할 것

③ 회생절차를 계속하는 것이 담보물 처분에 유리하다 판단되지 않을 것

④ 회생절차 종결을 하면 회생계획 수행 가능성이 높아지는 경우

회생채권의 변제 시작에 의한 회생절차 종결을 회생성공이라고 하지만 회생절차 종결 후에도 회생채권을 변제하지 못하면 다시 도산되므로 엄밀히 말해 조기종결을 완전한 회생성공이라고 할 수 없다. 따라서 진정한 회생성공은 회생채권을 전액 변제하였을 경우이다. 그러나 법원의 통계에는 조기종결에 대한 것은 있으나 100% 전액변제 종결에 대한 통계가 없어 종결 후 다시 도산하는 실태를 알 수 없다. 반면 우리나라와는 달리 일본은 종결 후 도산에 관한 통계가 있는 것으로 보

---

[14] 채무자회생법 제283조(회생절차의 종결), 채무자회생법실무준칙 제251호(회생절차의 조기종결, p116), 회사정리법 제271조(정리절차의 종결)

인다. 일본 신용조사업체 테이코쿠데이터뱅크(TDB)의 2013년 5월 조사보고서에는 "2013년 현재 민사재생법에 기한 기업회생절차를 통하여 법정관리를 받고 있는 기업 352개 중 264개가 정상기업 복귀 후 다시 법정관리 중" 이라고 하여[15] 일본의 경우 회생에 성공한 기업 중 무려 75%가 다시 법정관리를 신청한 것을 알 수 있다. 우리나라의 경우에는 관련 통계가 없어 정확히 말할 수 없지만 회생절차 종결 후 다시 기업회생절차를 신청한 기업들의 사례[16]가 있으므로 종결결정 이후 다시 최종 도산하거나 회생절차를 재신청하는 기업이 많을 것으로 추정할 뿐이다.

---

(1) 회생계획 인가는 절반의 회생성공

회생계획이 인가되기 전에 절차의 폐지 사유가 발생되면 즉시 회생절차가 폐지된다. 하지만 회생계획 인가 후에는 사유가 발생되어도 회

---

[15] 김태현 기자, "법정관리 기업 264개, 전산기업으로 돌아올까", 이데일리 (2013.5.7)

[16] 회생절차 종결 후 다시 회생을 신청한 사례로 '쌍용자동차(2021년 4월), 피어리스(2018년 10월), 스킨푸드(2018년 10월), LIG건설(2011년 3월), 극동건설(2015년 12월), 삼부토건(2015년 8월), 동아건설(2014년 7월)' 등이 있다.

생절차가 즉시 폐지되지 않을 수 있다. 예를 들어 회생계획 인가 후 회생채권을 변제하지 못하면 회생절차가 폐지되어야 하지만, 회생채권의 변제액 또는 변제 시기를 조정하는 회생계획 수정의 신청에 대하여 채권자가 수용하고 재판부가 허가를 하면 회생절차는 폐지되지 않고 수정된 회생계획으로 회생절차가 계속된다. 즉, 회생계획 인가 전에는 결격사유 발생 시 예외 없이 회생절차가 폐지되지만[17] 회생계획 인가 후에는 회생계획 수정에 의해 회생절차가 폐지되지 않을 수 있어 회생계획 인가를 절반의 회생성공이라고 한다.[18]

(2) 기업회생절차 종결과 판사 업무량과의 상관관계

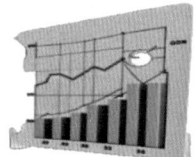

통계에 의하면 2006년부터 2021년까지 누적으로 총 11,325개의 기업이 회생절차를 신청하였고, 그중 23%인 2,583개가 회생절차 종결결정을 받

---

[17] 기각결정, 조사보고서 청산결론, 회생계획안의 채권자 부동의 3가지는 예외 없는 회생절차 폐지 사유이다.

[18] 회생계획 인가를 "절반의 회생성공"이라고 하는 것은 필자가 정의하고 명명한 것이다. 채권자들은 회생계획 인가 전에는 채무자 기업에게 채권자로서의 지위만 있어 채무자의 회생계획에 매우 엄격하지만, 인가 후에는 회생채권의 출자전환으로 채권자가 채무자 기업의 주주가 되므로 회생계획 인가 전보다 채무자 기업에게 훨씬 호의적으로 대하게 된다.

았다. 연도별 회생절차 종결률을 살펴보면 2006년 채무자회생법 시행 후 초기에는 2%(2008), 2%(2009), 3%(2010)로서 매우 낮았다. 그 후 2011년 9%를 기점으로 11%(2012), 16%(2013), 19%(2014), 24%(2015), 25%(2016)로 가파르게 증가하였다. 회생절차 종결에 대한 실증분석 논문이 없으므로 알 수 없지만 2006년 채무자회생법 시행 후부터 급증한 기업회생절차의 신청 숫자 및 법원의 한정된 판사의 숫자가 회생절차 종결률의 급증과 서로 관계가 있을 것으로 추정된다.[19] 우선 판사의 연도별 인원 추세 정보가 있는 서울회생법원의 경우를 살펴보면 기업회생절차의 신청 숫자 추세는 2002년부터 10(2002), 19(2003), 14(2004), 5(2005)이며 채무자회생법이 제정된 2006년 이후에는 15(2006), 29(2007), 111(2008), 205(2009), 142(2010), 198(2011), 246(2012), 290(2013), 366(2014), 396(2015), 410(2016), 306(2017)으로 급증하였다. 반면(反面) 담당 판사의 숫자는 18명(2008), 21명(2009), 25명(2010), 26명(2011), 26명(2012), 27명(2013), 27명(2014), 30명(2015), 30명(2016), 33명(2017)으로 2008년부터 2017년까지의 기간 동안 회생절차 신청 숫자의 최고 증가율 269%

---

[19] 안대규 기자, 한국경제신문(2018. 04. 26), "한 대형 로펌 변호사는 '판사가 관리위원에게 맡겨 둔 업무량은 서울회생법원이 전 세계에서 가장 많을 것'이라고 진단했다. 이에 대해 서울회생법원 관계자는 '30명의 판사로는 수백 건의 회생사건을 처리하기가 어려워 불가피하게 관리위원에게 상당한 의사 결정권을 줄 수밖에 없다'고 해명했다". 법조계에서는 기업회생절차 신청 증가 숫자에 비해 판사의 증가율이 상대적으로 낮은 것은 2013년 도입된 법조일원화제도(일정 경력의 변호사 중에서 법관을 선발하는 제도)로 인한 판사의 임용 정체 때문이라고 한다.

에 비해 판사의 최고 증가율은 약 83%에 불과하였다.[20] 따라서 한정된 회생담당 판사의 숫자로는 증가하는 회생사건을 감당하기에 턱없이 부족하여 회생채권을 100% 완제할 때까지 배정된 회생사건을 판사의 관리감독하에 두기보다 회생채권의 변제가 시작될 때 조기종결시키는 것이 업무량 해소를 위해 가장 좋은 방법이라고 생각했을 것이다.[21] 왜냐하면 회생법원이 2017년 5월 12일 채무자회생법 실무준칙에 '조기종결'을 규정하였기 때문이다.[22] 그리고 그 후 회생절차 종결률은 33%(2017), 34%(2018), 35%(2019), 36%(2020), 42%(2021)로 매년 계속 증가하였다. 또한 최근 5년간 회생절차 종결률 평균은 지난 16년간의 종결률 평균 23%에 비해 36%까지 급증하였다. 따라서 판사의 회생합의사건 업무량은 기업회생절차의 신청 및 종결 숫자와 상관관계가 있다고 할 수 있다.

---

[20] 서울회생법원 연도별 법관추세 (단위:명)

서울회생법원	2008년	2009년	2010년	2011년	2012년	2013년	2014년	2015년	2016년	2017년
부장판사	2	3	3	3	3	4	4	4	4	5
단독·배석판사	16	18	22	23	23	23	23	26	26	28
합계	18	21	25	26	26	27	27	30	30	33

[21] 이연갑, "기업회생절차에서 법원의 역할에 대한 입법론적 검토", 충북대학교 법학연구소 법학 연구 제28권 제1호(2017.06.30), p.p 361-384, "한국 파산 판사의 업무량은 판사, 상담사 및 기타 파산법 전문가들 사이에서 악명이 높습니다."

[22] 채무자회생법 제283조(회생절차의 종결), 채무자회생실무준칙 제251호(회생절차의 조기종결), 회사정리법 제271조 (정리절차의 종결)

3) 생존절차와 부속절차

　기업회생절차에는 회생절차 개시신청부터 마지막 절차인 종결결정까지 많은 절차가 있지만 이를 크게 두 가지 형태로 나눌 수 있다. 하나는 회생절차의 진행 결과가 생(生)과 사(死) 둘 중 하나로 결정되는 '생존절차'와 또 다른 하나는 생사와 관련이 없는 '부속절차'이다.[23] 즉, 생존절차에서는 절차의 진행 결과에 따라 회생절차의 계속 또는 폐지가 반드시 발생하지만 부속절차에서는 회생절차의 폐지가 발생하지 않는다. 부속절차에 대한 예를 들면 회생절차에서 매우 중요한 회생채권 시·부인절차가 있는데 만약 회생채권을 너무 과다하게 시인하면 회생절차에 심각한 차질을 빚을 수 있다. 하지만 회생채권의 과다 시인으로 인한 문제가 매우 심각하다고 하여도 회생절차는 폐지되지 않는다. 그래서 생존절차와 구분하여 부속절차라고 한다.

　생존절차는 기업회생절차의 과정 중에서 단 4가지의 경우에만 존재한다. 1단계인 '심사절차', 2단계인 '재산조사절차', 3단계인 '관계인집회절차', 4단계인 '인가 후 회생채권의 변제'이다. 각 생존절차를 단계별로 구분한 것은 절차가 순서대로 진행되고 회생절차의 계

---

[23] 생(生)은 '회생절차 계속'이며 사(死)는 '회생절차 폐지'이다. 생존절차와 부속절차는 필자가 명명한 것이며 회생법원의 정식 용어가 아니다.

속(生) 또는 폐지(死)도 각 단계별 순서대로 결정되기 때문이다. 즉, 생존절차 1단계인 심사절차에서 '기각결정'되면 회생절차가 폐지되고 '개시결정'되면 2단계로 절차가 계속 진행된다. 2단계인 재산조사 절차에서 조사보고서가 '청산결론'이 되면 회생절차가 폐지되고 '회생절차 계속결론'이 되면 3단계로 절차가 계속 진행된다. 3단계인 관계인집회절차에서 회생계획안을 채권자가 '부동의'하면 회생절차가 폐지되고 '동의'하면 4단계로 절차가 계속 진행된다. 마지막 4단계에서 회생계획대로 회생채권을 변제하지 못하면 회생절차가 폐지되고 반대로 회생채권을 변제하면 종결결정과 함께 회생절차를 졸업하게 된다. 상기와 같이 각 단계별 절차에서 회생절차의 '계속' 또는 '폐지'가 발생되므로 '심사절차, 재산조사절차, 관계인집회절차, 인가 후 회생채권의 변제'를 생존절차라고 한다.

[그림 1] 단계별 생존절차의 생(生)과 사(死)

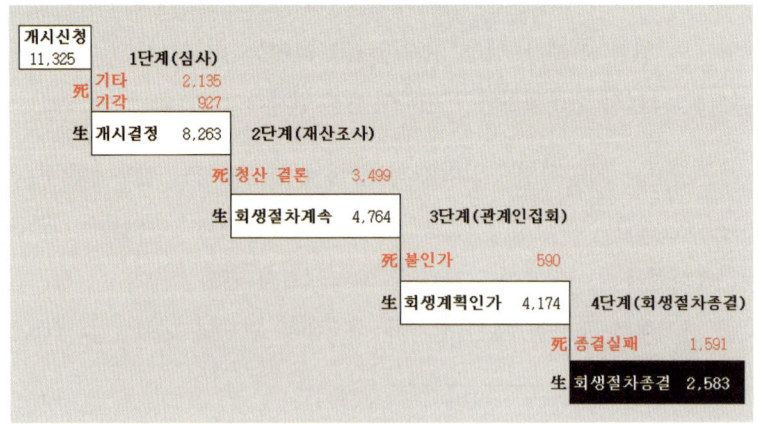

☞ 2006년~2021년 기업회생절차 통계

[그림 2] 단계별 생존절차의 생(生)과 사(死) 비율 vs. 개시신청

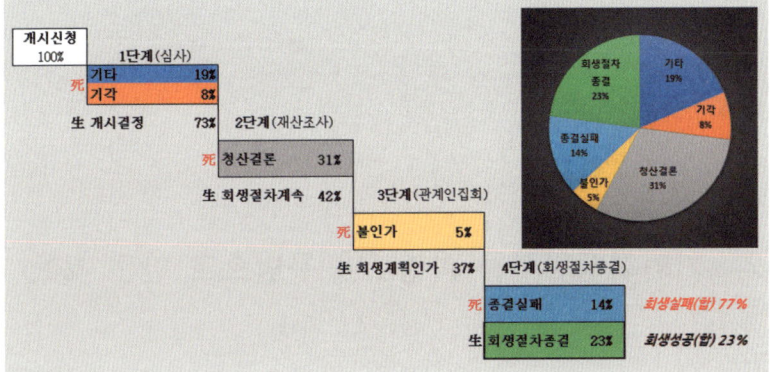

2. 기업회생절차를 회생보다 무덤으로 만든 것들

법원 통계에 따르면 2006년부터 2021년까지 기업회생절차를 이용한 기업은 11,325개이며 이 중에서 2,583개가 회생절차 종결결정을 받았다. 회생절차 종결을 신청기업 누계와 비교한 종결률은 23%이며 시험 합격 기준으로 평가하면 과락에도 훨씬 미치지 못하는 수준이다. 게다가 폐업하는 법인기업 숫자 대비 이용률도 1.2%에 불과하고[24] 회생절차 종결

---

[24] 법인 폐업 기업을 도산 위기에 빠진 기업으로 간주하여 이용 비율을 계산하였다.

률로 평가하면 효율성(效率性)이 너무 낮아 법원은 기업회생절차를 회생제도로서 계속 유지할 가치가 있는지에 대하여 고민하고 존폐(存廢) 여부를 오래전에 결정했어야 한다고 생각한다.[25] 하지만 과락의 절반 수준에 불과한 종결률에도 불구하고 법원은 기업회생절차를 수십 년간 계속 운영하고 있다.[26] 2006년 4월 1일에는 개인·기업, 파산·회생으로 산재되어 있던 도산절차를 채무자회생법으로 통합 시행하여 기업 도산절차를 '회사정리절차'에서 '기업회생절차'로 신장개업하였고, 2017년 3월 1일에는 회생·파산사건만을 전담하는 서울회생법원을 설립하는 등 외형 확장을 계속하여 왔다. 그러나 회생절차 종결률은 과거 회사정리법에서나 현재 채무자회생법에서나 여전히 과락 이하이며 회생절차 종결 기준으로는 회생성공보다 회생실패가 3배 더 많다. 따라서 기업회생절차는 '회생보다 무덤'이며 회생절차이기보다 실패절차에 더 가깝다.[27]

기업회생절차 이용 11,325개 ÷ 법인 폐업 숫자 921,000개 = 1.2%

<법인사업자 현황> (2006년 ~ 2021년 국세청 통계) (단위:천 개)

	06	07	08	09	10	11	12	13	14	15	16	17	18	19	2020	2021	합계
총계	425	479	504	529	557	594	635	677	733	798	835	884	939	1,003	1,086	1,177	11,855
신규	65	75	75	80	83	89	97	101	111	122	125	125	130	138	153	159	1,728
폐업	37	46	50	55	54	51	56	57	54	50	69	70	70	70	67	65	921

[25] 회생질사의 효율은 종결률의 크기에 비례한다.

[26] 기업회생절차에는 사회적 공익 목적이 있으므로 효율의 크기와 관계없이 존치되어야 할 명분도 있다.

[27] 최성근, 주요국의 도산법(Ⅲ) 프랑스의 도산법 "1967년 제정된 프랑스 도산법의 기업회생절차(Loi du 13 juillet 1967 sur le règlement judiciaire, la liquidation des

1) 복불복 기업회생절차가 만드는 무덤

판사가 회생절차 종결을 결정하면 기업은 법원의 관리에서 해제되므로 회생절차 종결을 회생성공이라고 한다. 따라서 회생절차 종결률 통계는 기업회생절차를 검토하고 신청하고자 하는 자에게 가장 민감하며 의사결정에 필요한 결정적 정보이다. 그런데 대부분의 기업들은 어떠한 확률로 성공할지 실패할지 알지 못한 채 기업회생절차의 신청을 결정한다.[28] 확률을 전혀 알지 못한다는 점에서 기업회생절차는 마지막 사람만 살아남는 넷플릭스(netflix) 드라마의 오징어게임과 같다. 이를 확률로 보면 복불복(福不福)이다. 그럼에도 불구하고 기업회생절차의 신청 숫자는 매년 계속 증가하고 있다. 그런 기업의 모습을 보면 끊임없이 벌레퇴치등(退治燈)으로 날아드는 불나방 처럼 지금도 복불복 기업회생절차에서 회생보다 무덤이 되고 있다.

---

biens)에서 도산관재인은 '기업의 무덤을 파는 자'라고 오도된 비난을 받았다." 한국법제연구원 연구보고 98-4(1998.12), p.20

[28] 필자는 경험한 기업회생절차에서 법원, 판사, 관리위원, 법률대리 변호사 등으로부터 회생절차 종결률에 관한 정보를 받아 본 적이 없다.

2) 블라인드(blind) 기업회생절차가 만드는 무덤

　기업이 신청한 회생절차가 회생법원에 접수되면 판사가 신청의 적부를 심사하여 기각 또는 개시결정을 한다. 판사가 신청 회생절차를 개시결정하면 후속절차인 생존절차가 진행되고 진행 결과는 생(生, 회생절차의 계속) 또는 사(死, 회생절차의 폐지) 둘 중 하나가 된다. 항상 생사(生死)가 결정되는 전투에서는 진군할 때 반드시 척후병(斥候兵)을 앞세워 정찰하고 탐색한다. 만약 정찰한 결과에 위험 요인이 있다면 제거하거나 또는 피하여 진군을 하고, 위험 요인을 제거할 수 없거나 피할 수 없다면 진군을 포기하거나 다른 길을 모색한다. 따라서 기업회생절차의 생존절차에서도 회생절차 폐지(死)를 당하지 않고 회생절차 종결(生)까지 가기 위해서는 신청 후에 진행될 회생절차에서의 결과를 예측하고, 예측한 결과에서 회생성공 가능성이 높다면 회생절차를 신청하고 반대로 낮다면 회생절차를 포기하거나 다른 방법을 모색하여야 한다. 하지만 회생절차를 신청하기 전에 생존절차에서 결정될 결과를 예측하는 것을 보거나 들은 적이 없다. 신청 후의 결과를 예측하지 않는 회생절차에서는 사전에 생사에 대한 정보를 전혀 알 수 없다. 즉, 법원에 제출하는 회생절차개시신청서와 대표자심문조서의 내용에 있을 수 있는 기각사유의 유무에 대한 정보를 알 수 없고, 재산조사절차에서 조사위원이 계속기업가치를 청산가치보다 작게 추정할 가능성에 대한

정보를 알 수 없고, 관계인집회절차에서 채권자가 회생계획안을 부동의할 가능성에 대한 정보를 알 수 없다. 위와 같이 향후 자신이 신청하는 회생절차에서 벌어질 생사에 대한 정보를 전혀 알지 못한 채 신청하는 것은 블라인드 회생절차이다. 이는 아무런 정보 없이 지뢰밭에 들어가겠다는 것과 같다. 기업회생절차를 졸업한 「사방이 막힐 때 하늘을 보라」의 저자 하민은 "기업회생절차를 신청한 지 4일이나 지났음에도 나는 지금 회생절차에 대해서 아무것도 모른다. 앞으로 어떤 어려움이 있을지 모르는 상태이다. 앞이 캄캄하다"라고 하였다.[29] 필자 또한 기업회생절차의 경험에서 회생계획 인가를 받고 종결결정을 받을 때까지 거의 1년 동안 매일 한 치 앞도 보지 못한 채 모든 절차를 회생법원이 지휘하는 대로 변호사가 자문해 주는 대로 따라 하였을 뿐이었다.

그동안 대부분의 기업들은 자신이 신청한 기업회생절차에서 어떤 일이 벌어질지 알지도 못한 채 운명의 주사위를 던졌다. 그리고 오늘도 그들의 운명은 한 치 앞도 보지 못하는 블라인드 회생절차에서 회생보다 무덤이 되고 있다.

필자는 3번 경험한 기업회생절차 모두 신청 후에 결정되는 결과와 회생성공률에 대한 정보를 알지 못한 채 법원에 회생절차 개시신청을 했다. 그리고 신청 후에는 법원에서 소송지휘 하는 대로, 변호사의 조력대로 따라 할 뿐이었다. 즉, 기업 스스로 할 수 있는 것은 없었다.

[29] 하민(2018. 3. 22), 「사방이 막힐 때 열린 하늘을 보라」, 보민출판사, p. 53

회생의 희망을 위해 기업회생절차라는 수단에 올라탔지만 기업의 운명이 어디에 있고 어디로 가고 있는지, 어떤 확률로 성공할 수 있을지 전혀 알지 못했다.

---

3) 기업회생절차의 비효율이 만드는 무덤

　채무자회생법은 제1조(목적)에 "이 법은 재정적 어려움으로 인하여 파탄에 직면해 있는 채무자에 대하여 채권자·주주·지분권자 등 이해관계인의 법률관계를 조정하여 채무자 또는 그 사업의 효율적인 회생을 도모하거나, 회생이 어려운 채무자의 재산을 공정하게 환가·배당하는 것을 목적으로 한다."라고 명시하고 있다. 내용은 다소 길지만 목적은 두 가지이다. 앞에 명시한 '효율적인 회생을 도모하는 것'은 기업회생절차의 목적이며, 뒤에 있는 '재산을 공정하게 환가·배당하는 것'은 파산절차의 목적이다.[30] 목적 조문에서 기업회생절차의 목적만을 따로 분리하면 "이 법은 재정적 어려움으로 인하여 파탄에 직면해 있는 채무자에 대하여 효율적인 회생을 도모하는 것을 목적으로 한

---

[30] 채무자회생법 목적 본문에 기업회생절차를 먼저 기술하고 뒤에 파산절차를 기술한 것을 두고 학자들은 '회생'을 우선에 두고 만든 법이라고 한다.

다." 가 된다. 따라서 기업회생절차를 운영한 결과는 '효율적인 회생'이 되어야 법이 정한 목적에 부합하게 된다.

제1조(목적) 이 법은 재정적 어려움으로 인하여 파탄에 직면해 있는 채무자에 대하여 채권자·주주·지분권자 등 이해관계인의 법률관계를 조정하여 채무자 또는 그 사업의 <u>효율적인 회생을 도모하거나</u>, <u>회생이 어려운 채무자의 재산을 공정하게 환가·배당하는 것을</u> 목적으로 한다.	
기업회생절차의 목적	파산절차의 목적
이 법은 재정적 어려움으로 인하여 파탄에 직면해 있는 채무자에 대하여 <u>효율적인 회생을 도모하는 것을</u> 목적으로 한다.	이 법은 재정적 어려움으로 인하여 파탄에 직면해 있는 채무자에 대하여 <u>회생이 어려운 채무자의 재산을 공정하게 환가·배당하는 것을</u> 목적으로 한다.

이때 어느 정도를 '효율적인 회생'이라고 할 수 있을까? 사전(辭典)에는 결과의 높고 낮음과 관계없이 유의미한 결과만 나오면 '효과적'이며, 높은 결과가 나올 때 '효율적'이라고 한다. 따라서 법 제1조 목적에 명시된 효율적인 회생은 '회생절차 종결률이 높을 때'이다.[31] 그런데 2006년 채무자회생법 시행후 2021년까지 누적 기준으로 회생절차 종결률은 과락보다 못한 평균 23%이다. 따라서 기업회생절차는 효과적일 수 있지만 효율적이라고는 할 수 없다. 그럼에도 불구하고 기업들

---

[31] 회생계획 인가를 절반의 회생성공이라고 하므로 '회생계획 인가율이 높을 때'를 효율적인 회생이라고 할 수 있다.

은 기업회생절차에 수십 년간 자신의 운명을 맡겨 왔다.[32] 그리고 오늘도 그들은 비효율적인 기업회생절차에 기대어 회생보다 무덤이 되고 있다.

4) 견지망월(見指忘月) 기업회생절차가 만드는 무덤

기업회생절차의 회생성공률은 투입량에 대한 완성품량의 비율인 생산공정의 수율(收率)과 같은 개념이다. 원재료 100을 투입한 결과 20개는 불량이고 80개가 정상이면 수율은 80%이다. 따라서 생산공정에서는 불량품을 제외한 완성품량의 수율을 통해 품질관리를 한다. 기업회생절차를 생산공정에 비유를 하면 기업은 투입하는 원자재에 해당되며, 기각결정, 조사보고서의 청산결론, 채권자 부동의에 의한 회생계획안 불인가, 인가 후 회생채권 미변제 등은 회생절차 폐지이므로 불량품에 해당된다. 그리고 마지막 절차인 회생절차 종결은 회생성공이므로 완

---

[32] 경제 불황으로 기업들의 도산이 급증할 때 기업회생절차는 항상 뉴스의 중심이 되었다. 그러나 지금까지 기업회생절차는 회생성공률 또는 실패율로 뉴스화되거나 사회적 이슈가 된 적이 단 한 번도 없다.

성품이다.[33] 생산공정의 품질관리에서는 수율이 좋지 않을 경우 불량요인을 분석하고 개선방안을 고안하여 완성품의 성공률을 높일 방법을 만들어낸다. 그리고 고안된 방법이 생산공정에 적용되면 완성품의 성공률은 당연히 높아진다. 기업회생절차 또한 회생성공률의 저해요인을 분석하고 개선방안을 고안하여 회생성공률을 높일 방법을 만들어야 한다. 이는 당연한 것으로 채무자회생법이 효율적인 회생을 제1조에 규정하고 있기 때문이다. 하지만 회생법원, 판사, 변호사, 학술기관, 학계 등 기업회생절차와 관련된 어떠한 곳에서도 효율적인 회생과 회생성공률을 높이는 방법이 없는 것 같다.

회생법원의 경우 회생절차가 개시결정되면 채무자 기업을 법원에 출석시켜 앞으로 진행될 기업회생절차에 대한 과정을 안내하고 전달한다. 그 내용을 보면 회생성공을 위한 기술적 노하우나 방법에 관한 것은 없고 채무자 기업이 지켜야 할 관련 법률이나 위반하지 않아야 할 유의사항뿐이다.[34] 채무자 기업을 법원에 출석시켜 채무자회생법과 회생절차의 진행 원칙을 자세하게 안내하는 목적은 회생절차가 처음인 기업을 위한 것임을 회생법원은 강조한다. 따라서 회생절차에 문외한인 기업이 듣기에는 회생법원의 안내대로 법을 준수하고 절차의 원칙에 맞게 회생절차를 진행하면 회생에 성공할 것처럼 들린다.

---

[33] 절반의 회생성공인 회생계획 인가는 반제품이라고 할 수 있다.

[34] 필자도 회생법원에서 안내 전달 교육을 네 번이나 받았지만 모두 법률 및 유의사항 등에 관한 내용뿐이었다.

변호사·법무법인의 경우 그들의 홈페이지에 게시된 홍보물을 보면 기업회생절차 수행에 필요한 절차적 법률 지식과 주의사항을 아주 자세하게 나열을 하면서 회생성공을 위해서는 실제 기업회생절차를 많이 경험한 변호사를 선임하는 것이 중요하고 회생절차의 과정을 잘 이해하여야만 한다는 등의 내용이 대부분이다. 하지만 정작 회생계획 인가 및 회생절차 종결을 위한 기술적 방법을 제공하고 있는 곳은 찾아볼 수 없다.

기업회생절차를 연구하는 관련 학회, 학술기관, 대학 및 대학원 등의 경우에도 논문 검색 포털에서 '기업회생·성공·실패, 법인회생·성공·실패, 법정관리·성공·실패' 등으로 검색을 하면 모두 기업회생의 성공과 실패와 관련이 없는 것뿐이다.[35] 국내에는 기업회생 전문가 양성 교육기관인 한국경영자총협회와 한국생산성본부 두 곳이 있다. 필자는 한국생산성본부에서 교육을 받았는데 직접 수강한 회생법원 판사 출신 변호사, 조사위원 출신 공인회계사, 회생법원 근무 경력이 있는 관리위원 출신 그리고 CRO 등 모든 강사의 강의 내용에도 회생성공을 위한 방법은 없고 지켜야 할 법률과 회생절차의 원칙에 관한 것뿐이었다. 한국경영자총협회의 커리큘럼(curriculum)을 홈페이지에서 자세히 확인하였으나 역시 마찬가지였다.

---

[35] 논문 검색 포털은 학술연구정보서비스(riss ; Research Information Sharing Service, www.riss.kr)와 Dbpia(www.dbpia.co.kr) 등 두 곳이 있다. 검색 가능한 논문은 국내의 학위논문, 학술논문, 학술지, 단행본, 연구보고서 그리고 해외학술논문 등이다.

손으로 달을 가리키는데 달은 보지 않고 손가락만 보는 것을 달마선사는 견지망월(見指忘月)이라 하였다. 기업회생절차와 관련된 모든 곳은 '회생'은 보지 않고 '준법'만을 보고 있다. 따라서 선사의 말처럼 기업회생절차는 견지망월이다. 오늘도 견지망월 기업회생절차에서 기업들은 회생보다 무덤이 되고 있다.

<표 4> 생산공정의 수율과 기업회생절차의 결과

	생산공정	기업회생절차
투입품	원자재	기업
폐기대상	불량품	기각결정, 조사보고서의 청산결론, 회생계획안 불인가, 인가 후 회생채권 미변제 2006년~2021년 불량률 : 63%
양품	완성품	회생절차 종결
수율(收率)	완성품량 / 투입 원자재량	회생절차 종결 숫자 / 회생절차 신청 숫자 2006년~2021년 평균 수율 : 23%

5) 신속한 기업회생절차가 만드는 무덤

　　기업회생이 처음 법제화된 1962년부터 도산법이 통합되기 전 2005년까지는 기업회생 제도가 활성화되기 전이므로 새로운 제도의 시행이

거의 없었다. 하지만 도산법을 통합한 2006년 채무자회생법 이후부터는 많은 새로운 제도들이 생겨나기 시작했다. 2011년 3월 패스트트랙(Fast-Track), 2015년 7월 소액영업소득자에 대한 간이회생절차, 2016년 8월 회생계획안 사전제출제도(Pre-Packaged Bankruptcy Plan, P-Plan), 2017년 4월 Stalking Horse Bid M&A, 2017년 11월 중소기업 맞춤형 회생절차(Small and medium-sized enterprise tailored rehabilitation Track, S-Track), 2018년 7월 자율구조조정지원프로그램(Autonomous Restructuring Support, ARS) 등의 시행이 있었다. 이 제도들의 핵심 내용을 살펴보면 (1) 패스트트랙은 워크아웃절차와 기업회생절차를 접목하여 최대 6개월 이내에 종결한다는 것이며, (2) 간이회생절차는 회생채권 및 회생담보권액의 합계가 50억 원 이하의 기업을 대상으로 일반 기업회생절차보다 절차를 간편하게 그리고 예납금 부담을 2/3 이하로 줄여 최대 2개월 이내에 종결한다는 것이며, (3) 회생계획안 사전제출제도(P-Plan)는 회생절차 개시결정일 전날까지 채권자 동의를 50% 이상 확보한 회생계획안을 제출하면 곧바로 관계인집회의 개최와 함께 인가 여부를 결정하여 조사보고서와 회생계획안 작성에 필요한 3개월 이상 기간을 단축한다는 것이며, (4) Stalking Horse Bid M&A는 M&A 공고 전에 입찰 마중물에 해당하는 우선인수희망자(Stalking Horse)와 인수 가계약을 한 상태에서 인수자를 공개입찰에 부치는 방식으로 M&A 성사 가능성을 높인다는 것이며, (5) S-Track 중소기업 맞춤형 회생절차는 회생절차 신청 전 단계부터 회생절차 종결까지 회생법원이 직접 원스톱(one-stop)으로 기업을 신속하게 지원한다는 것이며[36], (6) ARS 자율구조조정지원프로그램은[37] 기업이 신청한 기업회생절차의 개시결정을 최대한 3개월까지 보류를 한 상태에서 워크아웃을 신청한 후 금융채권자와 기업개선계획의 이행을 위한 약정을 체결하면 보류시킨 기업회생절차의 취소와 함께 워크아웃절차를 계속 진행하고, 반대로 약정 체결이 불발되면 워크아웃을 취소하고 보류한 기업회생절차를 진행하게 하는 방법이다. 상기 제도들 중 Stalking Horse Bid M&A와 ARS Program을 제외한 나머지 모두는 회생절차의 기간 단축이라는 공통점을 가지고 있다. 즉, 6개월 이내에 종결한다는 패스트트랙, 2개월 내에 종결한다는 간이회생절차, 재산조사와 회생계획안을 미리 완성한 후에 회생절차를 신청하게 하여 최소 3개월 이상 기간 단축을 한다는 P-Plan, 원스톱 신속 지원 S-Track 등의 시행 배경이 모두 '신속한 회생절차'이다.

법원이 신속한 회생절차를 지향하는 제도를 만드는 것은 효율적인 회생절차를 달성하기 위한 목적이다. 그런데 신속함은 회생절차의 진행 일정을 단축시키는 효과는 있으나 회생절차의 효율을 직접 높일 수

---

[36] 회생법원이 직접적으로 지원하는 세부 내용은 채권자와의 협상지원, 인가 전 M&A 자금조달 지원(회생법원과 업무 제휴한 금융투자협회, 캠코 한국자산관리공사, 유암코, 중소벤처기업진흥공단 연결지원)과 회생절차 종결 후 신용보증기금의 보증서 연결지원 등이 있다.

[37] ARS의 특징은 워크아웃에 도움이 된다면 기업회생절차의 보전처분을 전부 보류하게 하거나 일부만 보류하게 하는 조치를 회생법원이 가변적으로 할 수 있다는 점이다.

는 없다.[38] 왜냐하면 신속한 절차의 진행에도 불구하고 생존절차에서 사유가 생기면 회생절차는 언제든 폐지되기 때문이다. 먼저 1단계 생존절차를 보면 기업회생절차를 신속하게 진행하여 최단 시간 내에 판사가 심사를 하여도 심사 결과 기각사유가 있으면 신속한 심사와 관계없이 회생절차는 폐지된다. 생존절차 2단계에서 재산조사를 신속하게 진행하여도 조사 결과 조사보고서의 결론이 청산으로 되면 회생절차는 폐지된다. 생존절차 3단계에서 신속한 회생절차의 진행으로 회생계획안을 최단 기간 내에 제출하여도 채권자가 동의하지 않으면 회생절차는 폐지된다. 신속한 회생절차의 진행으로 최단 기간 내에 회생계획안을 인가받아도 생존절차 4단계에서 회생채권 변제에 실패하면 회생절차는 폐지된다. 생존절차에서의 이 모든 경우는 회생절차의 신속한 진행과 상관없이 반드시 발생할 수밖에 없는 회생절차 폐지의 경우들이다. 반대로 회생절차를 신속하게 진행하지 못하고 심지어 회생법원이 정한 진행 일정을 지키지 못하여도 '(1) 심사 후 기각사유가 없으면, (2) 조사위원이 추정한 계속기업가치가 청산가치보다 크면, (3) 관계인집회 후 채권자의 법정동의율 이상을 획득하면, (4) 회생계획 인가 후 회생채권의 변제가 시작되면' 어떠한 경우에도 회생절차 폐지는 발생하지 않는다. 따라서 회생절차의 신속한 진행은 회생절차의 폐지나 회생성공과는 전혀 상관이 없다.

   신속함이 회생성공의 요인이 될 수 없다는 것을 다른 비유를 통해 다시 더 알아보자! 응급환자라고 하여 정밀한 진단을 생략한 채 신속하게

---

[38] 회생절차의 효율의 종류는 회생계획 인가율, 회생절차 종결률 두 가지이다.

서둘러 수술을 한다면 심장이나 배를 열었다가 도로 덮을 가능성이 높거나 또는 환자의 정확한 병변을 확인하지 못한 수술로 인하여 환자는 더 빨리 사망할 수 있다. 하지만 시간이 걸리더라도 환자의 병변을 정확히 진단하고 그에 맞는 정밀한 수술을 한다면 성공할 가능성이 훨씬 높다. 기업회생절차를 신청하는 도산위기의 기업은 재무 및 비재무적 요인들로 구성된 수술환자와 같은 매우 복잡한 조직체이다. 따라서 정밀 진단 후 회생절차를 신청하면 신청 전에 회생절차 폐지 사유를 제거할 수 있지만 반대로 정밀 진단 없이 신속함만으로 회생절차를 진행한다면 발견하지 못한 회생절차 폐지 사유로 실패할 가능성이 높을 수밖에 없다.[39]

마지막으로 회생절차의 신속한 진행이 회생성공의 요인이 될 수 없는 이유를 회생계획 인가 및 회생절차 종결과 연결하여 살펴보자. 회생절차의 성공은 회생계획 인가 후 회생채권의 변제와 함께 회생절차가 종결될 때이다. 이때 회생계획에서 회생채권현금변제율의 크기가 만족할 수준이면 채권자는 인가에 동의하고 만족할 크기가 아니면 동의하지 않는다. 즉, 회생절차를 빛의 속도로 신속하게 진행하여 최단 시간 내에 개시결정을 받아도, 최단 시간 내에 재산조사를 완료하여도, 회생계획안을 최단 기간 내에 제출하여도 회생채권현금변제율의 크기가 채

---

[39] 2020년 12월 21일 신청부터 2022년 11월 11일 회생절차 종결까지 약 2년이 걸린 쌍용자동차의 경우 기업인수합병(M&A)를 결합하여 종결결정을 받았다. 보통 6개월에서 1년이면 종결될 회생절차를 2년이 걸린 쌍용자동차의 경우는 신속함보다 기업인수합병(M&A)에 의한 회생계획을 정밀하게 준비하여 성공한 사례이다.

권자의 동의 수준에 미치지 못한다면 회생절차는 폐지된다. 또한 최단기간 내에 회생계획안을 인가받아도 1차 연도에 회생채권을 변제하지 못하면 회생절차는 폐지된다. 따라서 위에서 살펴본 바와 같이 회생절차의 신속한 진행은 진행 일정의 소요 시간은 줄일 수 있겠지만 기각결정, 청산결론, 회생계획 불인가, 회생채권 미변제 등을 막을 수 없다. 지금도 정밀함보다 신속함에 집중된 기업회생절차에서 기업들은 회생보다 무덤이 되고 있다.

거의 6개월 이상 걸리던 회생계획안을 3개월 만에 제출하여 회생계획 인가받은 것을 두고 회생절차를 신속하게 진행하였기 때문에 성공적으로 회생계획 인가를 받았다고 주장할 수는 있다. 하지만 회생계획 인가 여부의 결정권은 채권자에게 있고, 채권자의 관심은 회생절차의 신속한 진행이 아니라 자신의 채권을 변제받을 수 있는 회생채권현금변제율의 크기이다. 채권자는 신속한 회생절차 진행과 관계없이 회생채권현금변제율의 크기가 만족할 수준이면 회생계획 인가에 동의하고 만족할 수 없는 수준이면 부동의한다. 회생절차를 빛의 속도로 신속하게 진행하였다는 이유로 만족할 수 없는 회생채권현금변제율에 동의할 채권자는 없다. 따라서 신속한 회생절차로 인하여 성공적으로 인가를 받았다거나 회생절차 종결에 성공했다고 주장한다면 그것은 아전인수(我田引水)일 수밖에 없다.

<표 5> 기업회생절차의 새로운 제도의 생산 추세

관련 법 및 제도	시행일	기간 단축 목표
회사정리법	1963년 01월	
채무자회생및파산에관한법률	2006년 04월	
Fast-Track	2011년 03월	최대 6개월내 종결
간이회생절차	2015년 07월	최대 2개월내 종결
P-Plan(회생계획안 사전제출)	2016년 08월	3개월 이상 단축
Stalking Horse Bid M&A	2017년 04월	
S-Track(중소기업 맞춤형)	2017년 11월	One-stop 서비스
ARS(자율구조조정지원프로그램)	2018년 07월	

기업회생절차에서 신속함이 요구되는 경우가 있다. 바로 '보전처분'이다. 보전처분은 회생계획안 인가 및 종결까지 회생절차의 계속 진행과 기업의 계속 경영유지를 위하여 채무자의 재산을 흩어지지 않게 하기 위한 목적으로 채권자의 강제력을 차단하는 응급조치이므로 당연히 신속하게 결정되어야 한다.

6) 심사절차에서의 무덤

기업회생절차에서 생존절차의 1단계는 판사가 진행하는 '심사절차'이다. 판사는 회생절차개시신청서 접수 후 약 10일째 되는 날에 회생절차개시신청서, 대표자심문조서, 현장검증을 통해 신청한 회생절차의 적격 여부를 판단하는 심사를 한다. 심사에서 기각사유가 없으면 '개시결정'되어 후속절차가 계속 진행되지만, 반대로 기각사유가 있다면 '기각결정'되어 회생절차는 폐지된다. 그런데 심사 대상인 회생절차개시신청서와 대표자심문조서는 그 형식과 내용이 대부분 표준화되어 있고 매번 같은 내용 및 같은 형식으로 반복되므로 심사는 문제와 정답이 공개된 기출문제로 시험을 치르는 것과 같다. 따라서 회생절차 신청 전에 회생절차개시신청서와 대표자심문조서의 내용에 있을 수 있는 기각사유 유무를 정밀하게 살펴 확인한다면 심사에서 기각사유가 지적될 가능성은 거의 없다고 할 수 있다. 그럼에도 불구하고 그동안 신청기업 중 8%가 기각결정으로 무덤이 되었다.

심사에서의 기각결정 8%가 작은 크기로 보이시만 심사절자가 문제와 답안이 공개된 기출문제 시험과 같다는 점을 감안하면 8% 비율은 작다고 할 수 없다.

7) 조사위원이 만드는 무덤

도산의 위기를 피하고자 선택하는 기업회생절차이지만 신청 후에는 위기만큼이나 힘든 일들이 많다. 예를 들면 어제까지 '정상'이었던 신용정보가 신청 후에는 당장 '비정상'이 되어 신용카드 하나 제대로 사용할 수 없게 되고, 모든 경영활동 행위는 법원의 사전 허가를 받아야만 하며, 기업회생절차의 진행을 위해 필요한 법정예납금, 법률대리 변호사 수임료, 짧게는 6개월 길게는 1년의 회생절차 기간 동안의 운전자금 소진 등 막대한 금전적 피해를 보게 된다. 게다가 천신만고 끝에 회생계획 인가를 받아도 종결결정을 받지 못하고 회생절차가 폐지된다면 재기 불가한 도산 또는 파산이 되므로 기업에게는 돌이킬 수 없는 재앙이 된다.

상기와 같은 위험에도 불구하고 기업은 미래계속기업가치를 믿고서 기업회생절차에 자신의 운명을 건다. 그런데 조사위원은 기업이 운명을 걸고 추정한 계속기업가치에 대하여 청산가치보다 작다는 판단을 많이 한다. 만약 조사위원이 계속기업가치를 청산가치보다 작게 추정하면 회생절차는 폐지된다. 이때 계속기업가치에 대한 확신을 가지고 신청한 기업의 입장에서는 조사위원의 청산결론에 승복하기 어려워 항상 이의를 제기한다. 하지만 거의 대부분은 조사위원의 결론대로 결정된다. 채무자회생법이 시행된 2006년 이후 지금까지 누적 기준으로 신청 기업의 63%가 '회생계획 인가 전 회생절차 폐지'인데 이 중에서 31%가 조사위원이 판단한 '청산에 의한 회생절차 폐지'이다.[40] 따라서 조사위원의 청산결론이 기업회생절차의 효율을 가로막는 가장 큰 저해 요인이라고 할 수 있다.

[그림 3] 회생계획 인가 전 회생절차 폐지 건수 및 비율(63%)

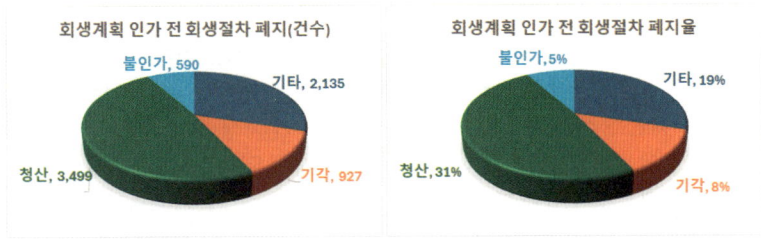

<표 6> 회생계획 인가 전 취소(폐지)의 경우의 수에 대한 추론

인가 전 취소(폐지) 경우의 수	인가 전 회생절차 폐지 경우의 수 추론	추론의 비중
조사보고서의 청산결론	청산결론보다 빈번한 경우는 없다.	가장 많다
회생계획안이 제출되지 않는 경우	조사보고서를 통과한 후 회생계획안을 제출하지 않는	거의 없다

---

[40] 회생계획 인가 전 회생절차 폐지(기타 2,135 + 기각 927 + 청산 3,499 + 불인가 590) ÷ 신청기업 11,325 = 63%, 인가 전 회생절차 폐지(조사위원의 청산결론에 의한 회생절차 폐지) 3,499 ÷ 신청기업 11,325 = 31%

	경우는 거의 없다.	
회생채권현금변제율을 채권자가 동의하지 않을 경우	조사보고서를 통과한 회생채권현금변제율을 채권자가 동의하지 않을 가능성은 매우 적다.	매우 적다
회생계획 인가 전에 회생채권을 모두 변제한 경우	인가 전에 회생채권을 100% 변제하는 경우는 거의 없다.	거의 없다

☞ 통계에는 '청산결론'에 대한 항목이 없다. 다만 청산결론은 통계 항목 중 "개시 후 인가 전 취소(폐지)"에 속하고, <표 6>의 개시 후 인가 전 취소(폐지) 경우의 수 중에서 청산결론에 의한 경우가 가장 많고 나머지의 경우는 거의 발생될 가능성이 없어 통계 3,499(31%) 모두를 '청산결론에 의한 회생절차 폐지'로 추정을 한다.

(1) 조사위원의 추정 오류가 만드는 무덤

추정계속기업가치는 채무자 기업이 추정하는 것과 조사위원이 추정하는 것 두 가지가 있는데, 기업은 회계학 등 학문적 이론의 방법으로 아래와 같이 추정을 한다.

- 추정계속기업가치는 '미래 현금흐름의 현재가치 + 잔존가치 + 비영업자산의 처분가치'의 합이다. ·········(a)
- 상기 식(a)에서 미래 현금흐름의 현재가치는 '추정손익계산

서의 세후영업이익 + 감가상각비 ± 운전자본의 변동 - 유형자산투자액'으로 계산한 추정기간의 영업현금흐름(cash flow)의 합을 할인한 값이다.[41] ········(b)

- 상기 식(b)에서 추정손익계산서는 과거 3년간의 결산평균인 '확정사실'과 미래에 현실화될 '예정사실'을 사업계획에 반영하여 추정한다.

반면에 조사위원은 상기 식(b)의 손익계산서를 추정할 때 기업이 추정의 근거로 사용한 '확정사실 + 예정사실' 중 '확정사실'만을 사용한다. 따라서 손익계산서의 추정에서부터 추정의 근거가 서로 달라 조사위원이 추정하는 계속기업가치의 크기는 기업의 것과 항상 다를 수밖에 없다.

[그림 4] 계속기업가치의 추정 근거 비교(회계이론 vs. 조사위원)

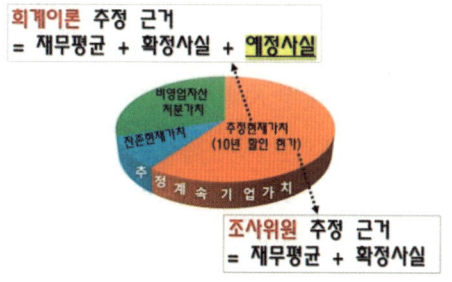

조사위원은 납품수량, 납품기일이 확정된 계약의 내용과 계약서의

---

[41] 할인기간은 채무상환유예기간인 최장 10년이다.

초안이 있어도 계약서에 상호 서명 날인이 없으면 계속기업가치의 추정에 반영하지 않는다. 심지어 매출처와 상호 날인한 양해각서(MOU)도 법적 구속력이 없다는 이유로 추정의 근거로 인정하지 않는다.[42] 이와 같은 조사위원의 계속기업가치 추정 기준은 아래의 '관리위원직무편람'과 '채무자회생법 실무준칙'에서 확인할 수 있다.

관리위원직무편람(p.137)에 의하면 '계속기업가치 산정 시 직접 회계자료나 증빙을 근거로 하지 않는 추정'으로 재판부가 판단하면 조사위원의 조사보고서는 '미흡'한 것으로 평가된다. 미흡한 평가를 받은 조사위원은 평정에서 불리한 점수를 받게 되며 다음번의 조사위원 선정에서 탈락될 수 있다. 따라서 조사위원은 재판부로부터 미흡한 평가를 받지 않기 위해서 '예정사실'을 배제하고 직접 회계자료나 증빙 등에 의한 '확정사실'을 근거로 계속기업가치를 추정 산정할 수밖에 없다.

> <관리위원직무편람> p.137
> 다. 조사보고서 내용이 미흡한 사례
> - 재산조사나 매출, 원가, 손익추정, 계속기업가치 산정 시 <u>직접 회계자료나 증빙을 근거로 하지 않고</u> 단순 추정이나 관리인의 진술에만 의존한 경우

아래 실무준칙 제217호의 [별지 1 조사위원 평가표]는 '일반적인 업

---

[42] 필자가 경험한 조사위원의 사례

무수행, 조사의 충실도, 조사보고 결과의 적절성, 업무수행의 공정성 및 객관성, 집회 출석, 업무 협조성, 평가의견' 7가지 항목으로 조사위원의 조사활동을 평가하는데, 이 평가항목 중에 '3. 조사보고 결과의 적절성'의 하위 항목인 '매출액 추정, 매출원가 추정, 판매관리비 추정'에 대해서 '합리성' 여부를 기준으로 재판부가 '상☐ 중☐ 하☐'로 평가를 한다. 이때 재판부는 추정의 합리성 여부를 확정사실 또는 증거의 유무로 판단을 한다고 한다.[43] 만약 조사위원이 평가표의 합리성 항목에 대하여 낮은 점수를 받는다면 매년 선정하는 조사위원 명단에서 누락될 수 있다. 따라서 합리성 평가에서 불리한 점수를 받지 않기 위해서 조사위원은 '예정사실'을 배제하고 '확정사실'만으로 추정할 수밖에 없다.

[채무자회생법 실무준칙 - 별지 1 조사위원 평가표]

조사위원 평가표		
관리위원 평가		
3. 조사보고 결과의 적절성		
・매출액 추정의 합리성	상☐	중☐ 하☐
・매출원가 추정의 합리성	상☐	중☐ 하☐
・판매관리비 추정의 합리성	상☐	중☐ 하☐

---

[43] 실무준칙에는 합리성에 관한 구체적인 정의가 없지만 필자가 경험한 조사위원 4명은 회계자료나 증빙이 없는 계속기업가치의 추정은 재판부로부터 합리성으로 평가를 받지 못한다고 모두 일관되게 전언하였다. 그리고 재판부의 합리성 평가 기준은 직접 회계자료나 증빙이 없을 경우 조사보고서를 '미흡'으로 평가하는 관리위원직무편람(p.137)의 기준과 동일하다. 따라서 회생법원에서 규정한 실무준칙의 '합리성'은 확정사실(회계자료, 증빙 등)의 유무인 것으로 판단된다.

재판부 평가			
평가의견			
업무수행에 대한 종합 평가	상 □	중 □	하 □

그런데 법원은 '확정사실에 의한 추정'이라는 문구(文句)가 객관적으로 보이는 외형 때문에 '확정사실'만으로 추정하는 것을 '참'이라고 착오하고 있는 것으로 보인다. 왜냐하면 추정을 법리적 및 사전적 정의로 해석하면 확정사실만을 추정의 근거로 삼는 것은 '오류'라는 것을 금방 알 수 있기 때문이다. 기업회생절차가 법률에 근거한 제도이므로 법리적 정의를 먼저 살펴보면 "증거에 의해 사실로 증명할 수 없지만 법률로써 사실이라고 인정하는 것을 추정이라고 하고, 그 추정이 증거에 의해 사실로 증명이 된 후에는 더 이상 추정이 아니다."라고 한다. 따라서 증거 또는 확정사실만을 근거로 삼는 추정은 법리적 추정의 정의에 완전 상반되는 오류이다. 법리적 정의에 이어 사전(辭典)적 정의를 살펴보면 "추정(推定)은 증거는 없지만 미루어 짐작해서 판단하는 것"이라고 되어 있다. 역시 확정사실만을 추정의 근거로 삼는 것은 사전적 추정의 정의에 상반되는 '오류'이다. 또한 '확정사실만을 근거로 삼는 추정'은 '고래가 낳은 알'과 같은 문장처럼 사전적 문맥으로도 오류이다. 따라서 확정사실에 의한 추정만을 합리성으로 평가하는 실무준칙의 평가 규정 또한 오류이다.[44]

---

[44] 사전(辭典)은 합리성(合理性)을 "이치나 논리에 합당한 성질"이라고 정의하며 세

<표 7> 추정에 대한 사전적·법리적 해석

	추정에 대한 해석	판정
조사위원	증거가 없거나 예정사실은 추정의 근거가 될 수 없다.	오류[45]
실무준칙	예정사실을 근거로 한 추정은 합리적 추정이 아니며, 확정사실을 근거할 때 합리적 추정이다.	오류
관리위원 직무편람 p.137	조사보고서의 내용이 미흡한 사례 - 직접 회계자료나 증빙을 근거로 하지 않고 단순 추정이나 관리인의 진술에만 의존한 경우	평가의 오류
법리적 정의	증거에 의해 증명할 수 있는 것은 사실이며, 증거에 의해 증명할 수 없는 것은 추정이다.	참
사전적 정의	증거는 없지만 미루어 짐작해서 판단하는 것을 추정(推定)이라고 한다.	참
해석	확정사실만을 근거로 삼는 조사위원의 추정은	

부적인 뜻에 따라 '주관적 합리성, 객관적 합리성, 제한적 합리성, 한정적 합리성, 형식적 합리성, 정치적 합리성, 미적 합리성' 등 접두어가 결합된 형태로 정의하고 있다. 따라서 접두어가 없는 실무준칙의 합리성은 접두어가 결합된 합리성 중 '논리적 합리성'으로 수정되는 것이 가장 적합하다. 왜냐하면 논리적 합리성은 '생각이나 이치에 맞는 합리성'이므로 추정의 근거를 증거나 확정사실만으로 제한하는 오류를 범하지 않을 수 있기 때문이다.

[45] 겉으로는 확실해보이나 실제로는 잘못된 추리를 가리키는 논리학 용어

판정	법리적 및 사전적 정의에서 '오류'이다. 또한 추정과 관련한 관리위원직무편람(p.137) 및 실무준칙 또한 오류이다.

관리위원직무편람(p.135)은 조사보고서의 항목별 점검 내용에서 "계속기업가치 산정은⋯(생략)⋯채무자가 제시하는 구조조정계획 등을 고려하여야 한다. 채무자가 제시하는 신규사업계획은 전부 배제할 것이 아니라 실현가능한 범위 내에서 적정한 수준으로 반영하여야 한다." 라고 하여 예정사실을 추정에 반영하도록 의무로 규정하고 있다.[46] 따라서 현재 조사위원의 추정 방법은 법리적 사전적으로 증명한 오류 외에 서울회생법원 자신이 발간한 관리위원직무편람을 스스로 어기고 있는 꼴이다. 문제는 조사위원이 추정한 계속기업가치의 오류로 인하여 기업회생절차 신청 기업의 31%가 수십 년간 회생보다 무덤이 되어 왔다는 사실이며, 조사위원이 판단한 청산에 의한 회생절차 폐지는 기업회생절차의 효율을 저해하는 가장 큰 요인이라는 것이다.

<관리위원직무편람> p.134
가. 조사보고서의 항목별 점검 내용
　　5) 계속기업가치 산정
　　　계속기업가치 산정은⋯(생략)⋯<u>채무자가 제시하는 구조조정</u>

---

[46] 채무자가 제시하는 구조조정계획의 근거는 '확정사실'과 '예정사실' 모두를 포함하기 때문이다.

> 계획 등을 고려하여야 한다.
> 채무자가 제시하는 신규사업계획은 전부 배제할 것이 아니라 실현 가능한 범위 내에서 적정한 수준으로 반영하여야 한다.

(2) 조사위원의 과소 추정이 만드는 무덤

청산결론에 의한 회생절차 폐지가 예상되는 데에도 불구하고 기업회생절차를 신청할 기업은 없다. 따라서 회생절차개시신청서에서 기업이 작성하는 추정계속기업가치는 항상 청산가치보다 크다. 만약 추정계속기업가치를 청산가치보다 작게 작성하면 판사의 심사에서 기각사유가 되므로 회생절차개시신청서에 추정계속기업가치를 청산가치보다 작게 작성할 수도 없다. 그럼에도 불구하고 조사위원은 기업이 추정한 계속기업가치를 청산가치보다 작게 추정하는 경우가 많다. 왜냐하면 기업은 확정사실외에 예정사실까지 포함하여 추정하지만 조사위원은 예정사실은 배제하고 확정사실만으로 추정하기 때문이다. 따라서 추정의 근거에 예정사실을 포함하는 기업과 포함하지 않는 조사위원 간에는 추정계속기업가치의 크기에 있어서 항상 차이가 있을 수밖에 없고, 예정사실을 포함하지 않는 조사위원의 추정계속기업가치는 기업이 추정하는 것보다 항상 과소 추정이 될 가능성이 크다. 만약 과소 추정이 된다면 대부분 회생절차 폐지로 이어진다.

(3) 서로 다르게 추정한 조사위원의 사례

"2014년 대전지방법원에 기업회생절차를 신청한 ㈜WJP는 조사위원 A로부터 회사의 계속기업가치가 청산가치보다 작다는 조사를 받았다. 회사는 임직원 70명을 회생절차 신청 즈음에 20명으로 구조조정을 하였으나 조사위원은 인력 구조조정으로 인한 향후 인건비 감소를 반영하지 않은 채 과거 5개년 평균 재무수치를 근거로 계속기업가치를 추정하였고, 청산가치보다 작게 추정된 계속기업가치로 인하여 회생절차가 폐지되었다. 회사는 회생절차 폐지 즉시 2015년 1월 서울중앙지방법원에 다시 기업회생절차를 신청하였다. 하지만 두 번째 조사위원 B도 A와 마찬가지로 계속기업가치를 청산가치 미만으로 추정하여 회생절차는 또 폐지되었다. 하지만 ㈜WJP는 포기하지 않고 자신의 회생절차를 폐지한 서울중앙지방법원에 기업회생절차를 다시 신청하였고, 세 번째 기업회생절차의 조사위원 C는 앞의 A, B와 달리 계속기업가치를 청산가치보다 크게 추정하였다. 그리고 그 후 ㈜WJP는 회생절차 신청 후 3년 만인 2017년 1월에 법원으로부터 회생절차 종결결정을 받았다." [47]

상기 기사는 충분히 회생 가능성이 높은 회사라고 하여도 조사위원

---

[47] 양인정 기자, 이코노믹 신문 기사 요약(2017. 1. 23)

의 판단에 따라 회생에 성공할 수도 있고 실패할 수 있다는 대표적인 사례이다. 만약 세 번째의 조사위원도 앞선 2명과 같은 청산결론으로 판단하였다면 충분히 회생이 가능한 기업임에도 불구하고 무덤이 되었을 것이다. 상기 사례로 볼 때 그동안의 기업회생절차에서 ㈜WJP를 조사한 2명과 같은 조사위원으로부터 회생절차 폐지를 당한 억울한 수많은 기업이 있을 것으로 추정된다.

(4) 조건부 추정을 한 조사위원의 사례

2009년 1월 9일 신청한 쌍용자동차의 기업회생절차에서 조사위원은 조사보고서의 결론을 "추정계속기업가치 1조 3,276억 원, 청산가치 9,386억 원으로 추정계속기업가치가 청산가치를 초과하여 청산하는 것보다 회생절차를 계속하는 것이 채권자 일반의 이익에 부합한다. 다만, 계속기업가치의 유지를 위해서는 2,646명의 인력 구조조정과 신규자금 차입이 전제되어야 하며 두 가지 전제조건이 성취되지 않을 경우 계속기업가치가 청산가치를 하회될 수 있는 불확실성이 있다."라고 하였다. 향후 인력 구조조정과 신규자금의 예정 차입 두 가지 전제조건을 반영한 계속기업가치의 추정은 '조건부 추정'이며 이는 기업회생절차에서 볼 수 없는 매우 이례적인 경우이다. 확정사실만을 추정의 근거

로 삼는 조사위원의 추정 기준에 비추어 보면 '조건부 추정'은 확실하게 조사위원 자기 기준을 위반한 추정이다. 그럼에도 불구하고 조건부 추정에 기반하여 작성된 회생계획안은 인가를 받았고, 후에 회생절차 종결까지 받아 쌍용자동차는 기업회생절차를 성공적으로 졸업하였다. 만약 조사위원이 실무준칙에 맞는 추정 기준을 적용하였다면 쌍용자동차의 추정계속기업가치는 청산가치 미만이 되어 회생절차는 폐지되었을 것이다. 반대로 기업회생절차 신청 기업 11,325개를 조건부로 추정하였다면 재산조사절차에서 회생절차가 폐지된 3,499개는 0개가 되었을 것이다. 따라서 쌍용자동차의 조건부 추정 사례는 그동안 조사위원의 판단에 의해 회생절차가 폐지된 3,499개의 기업들이 모두 이구동성으로 억울하다고 주장해야 할 사례이다.

2장. 기업회생절차의 성공하는 7가지 조건

7 가지급금 및 체불임금 정리
예금·적금 분산 관리 **6**
5 기업회생절차 신청 타이밍
4 회생절차 예측 가능 계약서
예측 가능 변호사 **3**
2 예측 결과에 의한 기업회생절차
1 기업이 주도하는 기업회생절차

1. 성공하는 기업회생절차가 되어야 하는 이유

　기업회생절차의 결과는 회생성공 또는 회생실패 두 가지로만 분류한다. 회생실패는 회생절차 종결 전까지 발생하는 모든 경우의 회생절차 폐지이며, 회생성공은 마지막 절차인 회생절차 종결결정이다. 만약 종결결정으로 회생성공이 되면 다행이겠으나 회생절차 폐지가 된다면 대부분 재기할 기회가 불가능하다. 특히 회생계획 인가 후의 회생절차 폐지는 필요적 파산선고이므로 판사가 직권으로 파산을 선고하면 회생절차를 재신청할 수 없어 기업에게는 돌이킬 수 없는 재앙이 된다.[48] 반

---

[48] 법제6조(회생절차 폐지 등에 따른 파산선고)①파산선고를 받지 아니한 채무자에 대하여 회생계획인가가 있은 후 회생절차폐지 또는 간이회생절차폐지의 결정

면에 '회생계획 인가 전 기각결정에 의한 회생절차 폐지'는 인가 후 회생절차 폐지에 비해 재앙적 수준은 아니다. 왜냐하면 기각결정의 경우에는 재산조사가 진행되지 않으므로 법원으로부터 재산조사 비용인 거액의 예납금을 환급받을 수 있고, 무엇보다 신청 후 단기간인 약 15일 이내에 기각결정이 되므로 빠른 시일 내에 주변을 정리하여 회생절차를 재신청하거나 다른 대책을 강구할 수 있기 때문이다. 기각결정과는 달리 법정예납금을 반환받을 수 없고 거액의 변호사 자문료 및 회생절차 기간 동안의 운전자금 소진 등 금전적으로 회복하기 어려운 상태가 되어 있을 가능성이 큰 '회생계획 인가 전 청산결론과 회생계획 불인가에 의한 회생절차 폐지'는 인가 후 회생절차 폐지만큼이나 기업에게 재앙이라고 할 수 있다.

지난 15년간 신청기업 11,325개 중 회생절차 종결에 성공하지 못한 8,742개의 회생실패 기업을 비용으로 추산해 보면, 변호사 고용 수임료는 1개 기업당 약 5천만 원일 경우 4,400억 원, 법정예납금은 1개 기업당 약 1억 원일 경우 8,800억 원, 회생채권 손실액은 1개 기업의 회생채권자 평균 20개에 채권자당 회생채권액이 평균 1억 원일 경우 17조 원으로 추산된다. 또한 1개 기업당 직원 평균 20명일 경우 실업자는 약

이 확정된 경우 법원은 그 채무자에게 파산의 원인이 되는 사실이 있다고 인정하는 때에는 직권으로 파산을 선고하여야 한다(필요적 파산선고). 법6조②의 "파산을 선고할 수 있다"는 조항은 "임의적 파산선고"이다. 법 제288조에도 필요적 파산선고 조항이 있다.

18만 명에 달한다.[49] 이는 국가 전체적으로 큰 문제는 아닐 수 있으나 기업, 상거래처, 임직원 가족, 종업원에게는 재앙일 수밖에 없다. 아무튼 회생계획 인가 전이나 인가 후나 회생절차 폐지는 거래 기업들에게 상거래 대금 피해를 주고, 채무자 기업의 임직원 가족들에게는 생계의 피해를 주며, 채무자 기업의 종업원들에게는 실직의 피해를 주는 채무자 기업 혼자만의 피해가 아닌 사회적 피해가 되므로 기업회생절차를 법원에 신청하여야 한다면 반드시 성공하는 기업회생절차가 되도록 해야만 한다. 이것이 바로 기업회생절차를 반드시 성공적으로 졸업해야만 하는 이유이다.

---

[49] 회생절차 폐지로 인한 피해의 비용, 실업자 숫자 등은 기업회생절차를 직접 경험한 필자의 추정치이다.

2. 기업회생절차의 성공하는 7가지 조건

　기업회생절차 시장에는 수많은 변호사가 발간한 기업회생절차 관련 전문 책이 있다. 책들은 모두 신청부터 종결까지 준수해야 할 관련 법에 관한 해설, 진행되는 절차적 순서와 과정, 작성하여야 하는 자료, 자료 작성 방법 등 같은 모양 일색이다. 그런데 처음 해보는 요리도 새로 산 게임기도 그 목적을 성공적으로 달성할 수 있게 하는 레시피(recipe)나 매뉴얼(manual)이 있는데 이상하게도 기업회생절차에는 회생성공 방법에 관한 관한 책이나 매뉴얼이 없다. 성공할 수 있는 방법 또는 매뉴얼이 없어서 인지 알 수 없으나 기업회생절차를 운영한 결과는 회생성공보다 회생실패가 3배나 더 많다. 그럼에도 불구하고 기업들은

도산의 위기에서 재기하기 위하여 불나방처럼 회생법원을 찾는다. 회생법원을 찾아 기업회생절차를 신청하는 기업들을 보면 난생처음 겪어야 하는 기업회생절차의 미로에서 회생성공의 방법도 매뉴얼도 없이 혼자 덩그러니 허허벌판에 팽개쳐진 길 잃은 양처럼 보인다. 필자는 위와 같은 기업회생절차의 현실을 보면서 반드시 기업을 위해 성공 매뉴얼을 만들어야겠다는 소명을 가지게 되었고, 은행에서 20년 이상 기업을 분석하였고 기업회생절차 실무의 A-Z를 경험하고 전문 자격증을 취득하여 회생법원에서 파견하는 CRO의 경험까지 한 필자가 적임자라고 생각하였다.[50] 그리고 오랜 연구 끝에 마침내 "기업회생절차의 성공하는 7가지 조건"이라는 매뉴얼을 만들었다.

성공조건 ①   기업이 주도하는 기업회생절차

기업회생절차는 회생성공 가능성을 최대화할 수 있는 구조이다. 그럼에도 불구하고 그동안 아무도 최대화한 적이 없다. 따라서 기업회생절차의 회생성공 가능성의 최대화는 기업 자신이 직접 주도하고 실현하여야 한다.

성공조건 ②   예측 결과에 의한 기업회생절차

---

[50] '기업과 법률'로 구성된 결합체인 기업회생절차에 적합한 전문가는 '기업, 법률, 기업회생절차 현장의 실무의 A~Z'를 모두 통섭(通涉)한 전문가이어야 한다.

회생절차에서 결정될 결과를 예측하고 그 결과를 통해 기업회생절차를 신청하면 회생실패 가능성은 최소화하고 회생성공 가능성을 최대화할 수 있다. 따라서 기업회생절차의 신청 여부는 회생절차의 예측 결과에 의해 결정하여야 한다.

성공조건 ③ 회생절차 예측 가능 변호사

예측 결과에 의한 기업회생절차는 예측해 주는 변호사가 있을 때 가능하다. 따라서 시장에서 예측 가능 변호사를 기업이 직접 판별하여 찾아서 법률대리 변호사로 선임하여야 한다.

성공조건 ④ 회생절차 예측 가능 계약서

예측 결과에 의한 기업회생절차와 예측 가능 변호사는 법률대리 계약서로 예측 가능하도록 통제할 수 있다. 따라서 법률대리 계약서는 회생절차와 변호사를 통제할 수 있는 내용으로 작성하여야 한다.

성공조건 ⑤ 기업회생절차 신청 타이밍

기업회생절차의 성공 여부는 신청 시점(Timing ; 타이밍)의 보유 현금예금 크기에 따라 결정될 수 있다. 따라서 기업회생절차의 신청은 현금예금 보유액의 최적 타이밍에 결정하여야 한다.

성공조건 ⑥   현금예금 · 적금 분산 관리

기업회생절차 개시신청이 법원에 접수된 후 대출거래 은행이 입출금계좌 지급정지 및 예대상계를 실행하면 회생절차 신청 기업은 운영자금 동결로 인하여 재무적 디폴트 또는 회생절차 수행 불능 상태가 될 수 있다. 따라서 회생절차 신청 전에 현금예금 · 적금 등을 대출거래가 없는 은행계좌로 변경하고 분산하여야 한다.

성공조건 ⑦   가지급금 및 체불 임금 정리

가지급금과 체불 임금이 있으면 회생법원 재판부가 도덕적 해이로 의심하여 회생절차를 기각할 수 있다. 따라서 회생절차 신청 전에 가지급금 및 체불 임금은 정리를 하여야 한다.

01
7-Conditions
for successful rehabilitation

성공조건 ①   기업이 주도하는 기업회생절차

기업회생절차에는 신청에서 종결까지의 절차적 과정에서 각자 맡은 역할이 있는 회생기관과 회생절차의 당사자인 채무자 기업이 있다. 판사, 관리위원, 조사위원, 회생채권자, 채무자의 법률대리인인 변호사 등은 회생기관이다. 이들 회생기관의 역할을 보면 판사는 최고의 지위에서 회생절차를 지휘하며, 관리위원은 판사로부터 위임받은 전결권으로 회생절차를 진행하고, 조사위원은 독립적으로 재산조사를 하며, 회생채권자는 회생계획안의 동의 여부에 대한 결정 권리를 행사하고, 변호사는 채무자에게 법률대리 및 자문을 하는 등 모든 회생기관은 자신의 역할을 능동적으로 행사하고 결정한다. 하지만 회생기관 자신의 결

정이 회생절차를 폐지하게 하는 결과가 되어도 회생기관은 채무자의 회생을 위해 어떠한 시도도 하지 않는다. 심지어 기업은 회생절차의 직접 당사자임에도 불구하고 자신의 회생을 위해 할 수 있는 것이 없다. 위와 같이 회생절차의 진행 결과가 회생실패로 귀결되어도 회생기관은 관여하지 않고 당사자인 기업은 관여할 수 없다. 기업회생절차를 대하는 이 같은 무관여 행태는 1962년 도산제도 도입 이후 60여 년 동안 변함이 없다. 그런데 정말 의아(疑訝) 한 것은 기업회생절차는 관여할 수 있고 심지어 관여를 통해 회생성공 가능성까지 최대화할 수 있는 구조라는 것이다. 즉, 생존절차에서 결정될 결과를 예측하고, 예측 결과를 통해 회생절차 폐지 요인을 사전에 제거한 후 회생절차를 신청하면 회생절차 폐지를 최소화할 수 있고 회생성공 가능성을 최대화할 수 있다. 이때 회생절차의 결과를 예측하고 예측하여 알게 된 결과에서 회생절차 폐지 요인을 제거하여 회생절차 개시신청을 하는 과정이 회생절차에 대한 관여이다.

예측한 결과를 통해 회생절차 신청 여부를 결정하고 회생성공 가능성을 최대화할 수 있는 방법은 기업회생절차 역사상 단 한 번도 시도된 적이 없는 방법이다. 또한 위의 방법을 실행해 본 회생기관도 없다. 따라서 아무도 해보지 않은 '회생성공 가능성을 최대화하는 방법'은 회생절차의 당사자인 기업이 직접 주도하고 실현할 수밖에 없다. 그래서 '기업이 주도하는 기업회생절차' 가 성공하는 7가지 조건 중 제1조건이다.

아래는 기업이 주도하는 기업회생절차의 모습이다.

- 기업회생절차의 신청 여부는 회생절차의 예측 결과에 의해 결정한다.(성공조건 ② 예측 결과에 의한 기업회생절차)

- 회생절차를 예측하여 주는 변호사를 법률대리 변호사로 선임한다.(성공조건 ③ 회생절차 예측 가능 변호사)

- 법률대리 계약서를 통해 변호사가 기업회생절차를 예측할 수 있게 하고 회생절차 실무 및 필요자료를 대행 작성하게 한다.(성공조건 ④ 회생절차 예측 가능 계약서)

- 회생절차 신청 후 현금 부족으로 재무적 디폴트가 되거나 회생절차가 중단되지 않도록 회생절차에 필요한 최소 비용 이상의 여유 현금이 있는 상태에서 또는 추가 차입을 통해 현금보유액을 증액한 상태에서 회생절차를 신청한다.(성공조건 ⑤ 기업회생절차 신청 타이밍)

- 회생절차 신청 전에 자금관리 입출금계좌와 현금예금을 대출거래가 없는 은행계좌로 변경하고 분산 예치한다.(성공조건 ⑥ 현금예금·적금 분산 관리)

- 회생절차 신청 전에 재무제표의 가지급금 잔액과 체불 임금은 정리한다.(성공조건 ⑦ 가지급금 및 체불 임금 정리)

02

7-Conditions for successful rehabilitation

성공조건 ②   예측 결과에 의한 기업회생절차

기업회생 전문 변호사나 회생 전문가들 대부분은 기업회생절차가 관련 법률, 법령, 규칙, 지침, 편람으로 구성된 매우 복잡하고 어려운 절차법적 제도이고[51], 6개월 이상 진행 과정에서 발생될 수 있는 여러 돌발변수들이 있어 회생절차의 결과를 예측할 수 없다고 한다. 그런데 기업회생절차는 반복되는 과거의 사실로써 미래에 현실화될 결과를 예측

---

[51] 관련 법률 등 자료(분량 page) : 채무자 회생 및 파산에 관한 법률(p.117)·법률시행령(p.4)·규칙(p.22)·실무준칙(p.336)·부동산 등의 등기사무처리지침(p.12), 관리위원 직무편람(p.455), 채무자회생사건의 처리에 관한 예규(p.7), 조사보고서(≒p.200), 회생계획안(≒p.100)·요약표 및 별표(≒p.200). 페이지수를 모두 합하면 약 1,500여 페이지에 이른다.

하는 시뮬레이션(Simulation, 모의실험)처럼 예측이 가능하다. 즉, 회생절차의 시작부터 마지막 절차까지 진행되는 과정과 결과가 '회생절차개시 신청(과정) → 심사(과정) → 기각 또는 개시결정(결과) → 재산조사(과정) → 청산 또는 회생절차 계속(결과) → 심리결의를 위한 관계인집회(과정) → 회생계획 인가 또는 불인가(결과) → 회생채권의 변제(과정) → 회생절차 종결 또는 폐지(결과)' 등으로 모든 기업들에게 일관되게 같고 차별 없이 반복되므로 향후 진행될 회생절차의 결과를 예측할 수 있다. 따라서 회생절차를 실제 진행하기에 앞서 가상으로 서류상에서 회생절차를 진행하여 향후 결정될 결과를 예측하고, 예측한 결과에서 회생절차 폐지의 요인이 있으면 이를 제거하여 회생절차를 신청하면 회생성공 가능성을 최대화할 수 있다. 이것을 "예측 결과에 의한 기업회생절차"라고 한다. 예측 결과에 의한 기업회생절차는 회사정리법으로 처음 제정된 1962년 이후 지금까지 단 한 번도 개념화되거나 시도된 적이 없는 방법이며, 부속절차를 제외한 오직 생존절차의 결과를 예측하는 기법으로서 성공하는 7가지 조건 중 제2 조건이다.[52]

아래는 예측 결과에 의한 기업회생절차의 각 단계별 방법이다.

- 회생절차를 신청하기 전에 신청 후 진행될 생존절차의 결과

---

[52] 기업회생절차에서 많은 절차적 과정들이 있으나 절차 진행 중 회생절차 폐지가 발생되는 생존절차만을 예측 대상으로 한다. 왜냐하면 생존절차의 과정에서 회생절차 폐지를 당하지 않기만 하면 회생계획 인가 및 회생절차 종결까지 기대할 수 있기 때문이다. 나머지 절차적 과정들은 생존 여부가 결정되지 않으므로 예측할 필요가 없다.

에 대한 의견을 변호사에게 요청한다.[53]

- 1단계 심사절차의 결과에 대한 변호사의 예측 의견이 '기각결정'이면 회생절차개시 신청을 포기하고, '개시결정'이면 2단계 재산조사절차의 결과를 예측한다.

- 2단계 재산조사절차의 결과에 대한 변호사의 예측 의견이 '청산결론'이면 회생절차개시 신청을 포기하고, '회생절차 계속'이면 3단계 관계인집회절차의 결과를 예측한다.

- 3단계 관계인집회절차의 결과에 대한 변호사의 예측 의견이 '회생계획 불인가'이면 회생절차개시 신청을 포기하고, '회생계획 인가'이면 4단계 회생채권 변제 여부를 예측한다.

    ☞ '회생계획 인가는 절반의 회생성공'이기도 하므로 회생계획 인가 가능성만으로 회생절차개시신청서의 법원 접수를 결정할 수도 있다.[54]

- 4단계 회생채권 변제 여부에 대한 예측이 '회생채권 변제

---

[53] 회생절차 신청 전에 변호사로부터 예측 의견을 받기 위해서는 법률대리 계약서에 '생존절차의 결과 예측 의견 제출'을 변호사 의무사항으로 기재하여야 한다. 계약서 작성에 관한 내용은 "성공조건 ③ 회생절차 예측 가능 변호사"편에 자세히 기술하였다.

[54] 1장. 기업회생절차의 정리 > 2) 회생성공과 회생실패 > (2) 회생계획인가는 절반의 회생성공

불가'이면 회생절차 개시신청을 포기하고, '회생채권 변제 가능'이면 회생절차개시신청서의 법원 접수를 결정한다.[55]

상기 예측방법을 흐름도(Flow Chart)로 만들면 아래와 같다.

[그림 5] 예측 결과에 의한 기업회생절차 흐름도

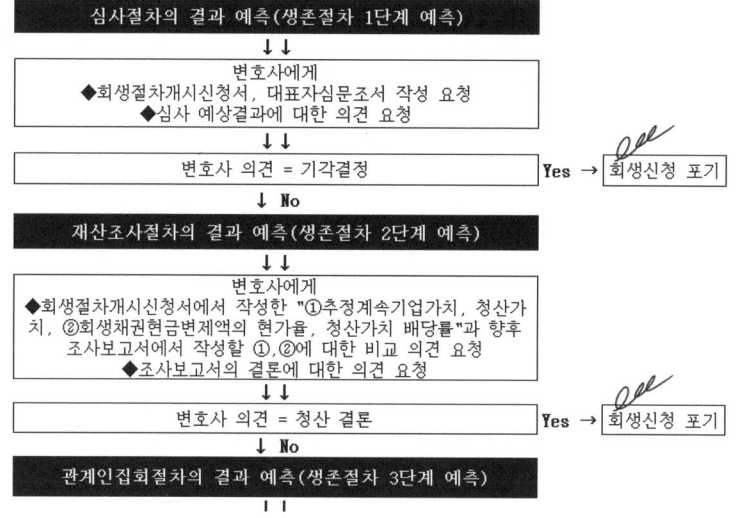

---

[55] 1단계~3단계 생존절차에 대한 예측은 변호사로부터 조력을 받아야 하지만 4단계 회생채권 변제 여부는 기업 자신이 예측하고 결정하여야 한다. 자세한 이유는 뒤 '생존절차 4단계 예측'에 자세히 기술하였다.

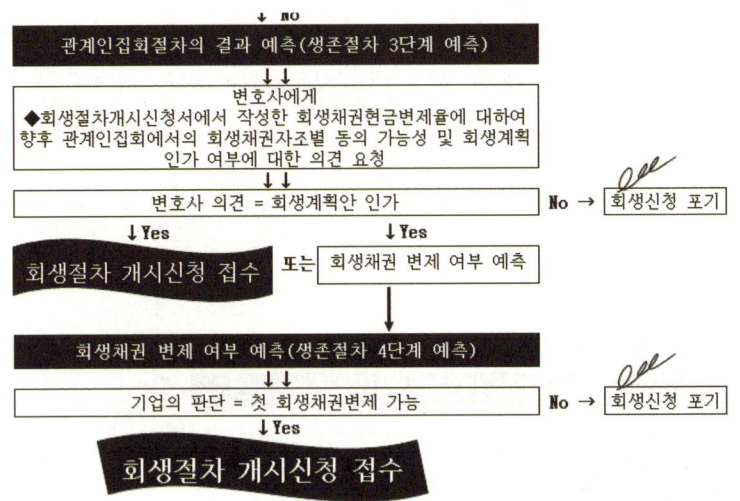

(1) 예측은 변호사에게! 결정은 기업에게!

회생절차의 신청 후 결정될 결과는 변호사가 예측을 하지만 예측한 결과를 통한 결정은 채무자 기업이 하여야 한다. 예측은 변호사가 하되 결정을 기업이 해야만 하는 데에는 두 가지 이유가 있다. 하나는 변호사가 예측해 준 대로 기업회생절차를 신청하였으나 예측한 것과 다른 결과가 나와 회생절차가 폐지되어도 변호사에게 책임을 물을 수 없다는 것이고, 또 다른 하나는 변호사의 자문에 현실적인 한계가 있다는 것이다. 자문의 현실적인 한계는 예측한 결과가 '기각결정이 매우 높다' 일 때 변호사는 기업에게 회생절차 포기를 권유하거나 높은 기각

결정 가능성을 알려주어야 하나 이는 기업회생절차 회생합의사건 수임료를 스스로 포기하는 일이 되므로, 예측한 결과를 있는 그대로 기업에게 자문해주지 않을 수 있다는 한계이다. 이 같은 변호사의 현실적 한계가 도덕적 해이(moral hazard)처럼 보일지 모르겠으나 그렇다고 하여 위법은 아니다. 하지만 예측한 결과대로 자문을 해주지 않아 발생하는 회생절차 폐지의 피해는 기업에게만 돌아갈 뿐이다. 따라서 변호사가 예측해 준 결과를 의사결정에 참고를 하되 결정은 반드시 채무자 기업이 하여야 한다는 것이다.

다음은 결정을 기업이 하지 않고 변호사가 예측해 준 의견대로 했을 경우를 가상으로 만든 사례이다.

㈜ABC는 예측 가능 변호사를 찾아 그와 법률대리 계약을 하였다. 법률대리 변호사가 회사의 재무상태를 검토한 결과 회생절차 신청 후에 진행될 재산조사에서 계속기업가치가 청산가치보다 작을 가능성이 높다는 예측을 하였다. 하지만 변호사는 ㈜ABC와의 회생절차 대행 계약을 위하여 자신의 예측과는 다르게 자문을 하였다. 그리고 ㈜ABC는 변호사의 자문대로 기업회생절차를 신청하였으나 신청 후 약 3개월 후 재산조사절차에서 "청산결론"에 의해 회생절차가 폐지되었다.

상기 사례는 이미 수임료를 받은 변호사는 아무런 피해가 없고 기업에게만 피해가 있을 뿐이라는 것을 잘 보여주고 있다. 심지어 변호사는 자신이 수임한 기업회생절차가 폐지되어도 아무런 피해 없이 또 다른

기업회생절차를 수임하면 된다. 만약 ㈜ABC 기업이 변호사의 예측 의견에 대하여 재무적 지식을 가진 직원 또는 관련 도움을 얻어 예측 의견을 참고하되 결정은 채무자 기업이 하였다면, 추정계속기업가치가 청산가치보다 작을 가능성이 높다는 것을 알 수 있거나 변호사의 예측 의견에 대해 의문을 가져 ㈜ABC는 기업회생절차를 포기하거나 다른 대안을 찾았을 것이다. 다른 대안이 기업회생절차의 신청보다 나을지 여부는 알 수 없으나 '거액의 변호사 수임료, 거액의 법정예납금, 회생절차 기간 동안에 소진한 현금, 기업회생절차 신청 신용정보 등록으로 인한 시장에서의 신뢰 상실' 등의 일방적 피해는 보지 않을 수 있었을 것이다.

(2) 심사절차의 결과 예측(생존절차 1단계 예측)

회생절차개시신청서를 법원에 접수하면 신청한 기업회생절차의 적격(適格) 여부를 판사가 심사하고, 심사한 결과는 기각결정 또는 개시결정 둘 중 하나가 된다. 기각결정일 경우에는 당연히 회생절차는 즉시 폐지되지만 기각사유가 없다면 개시결정된다. 따라서 회생절차 신청 후에 예상하지 못한 기각결정을 피하고 개시결정을 받기 위해서는 회생절차를 신청하기 전에 판사의 심사에서 결정될 결과를 예측하고, 예측 결과에 따라 회생절차 신청 여부를 결정하여야 한다.

다음은 예측 결과에 따라 회생절차 개시신청 여부를 결정하는 방법이다.

- 회생절차 신청 기업은 회생절차개시신청서를 법원에 접수하기 전에 판사의 심사에서 결정될 결과에 대한 예측 의견을 변호사에게 요청한다.[56]

  > 💣 변호사는 회생절차개시신청서와 대표자심문조서의 내용으로 심사에서 결정될 결과인 '기각결정 또는 개시결정'을 예측할 수 있다.

- 채무자 기업은 변호사의 예측 의견을 검토하고 적부(適否)를 판단한다.

- 변호사의 예측 의견이 제거하거나 수정할 수 없는 기각사유가 있어서 '기각결정 가능성이 높다'이면 채무자 기업은 회생절차를 포기하는 방향으로 결정하는 것이 낫다.

- 변호사의 예측 의견이 '개시결정 가능성이 높다'이면 생존절차 2단계인 재산조사절차의 결과에 대한 예측으로 이어간다.

상기 예측방법을 흐름도로 만들면 아래와 같다.

---

[56] 회생절차 신청 전에 변호사로부터 예측 의견을 받기 위해서는 법률대리 계약서에 '생존절차의 결과 예측 의견 제출'을 변호사 의무사항으로 기재하여야 한다. 계약서 작성에 관한 내용은 "성공조건 ③ 회생절차 예측 가능 변호사"편에 자세히 기술하였다.

[그림 6] 심사결과 예측 흐름도

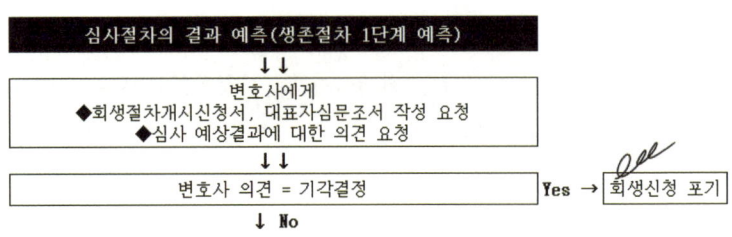

다음에 기술한 '기각사유, 회생절차개시신청서는 회생성공의 문을 여는 골든키, 회생절차개시신청서 작성 및 핵심내용의 결정, 대표자심문, 대표자심문조서 작성 및 핵심내용의 결정'은 변호사의 예측 의견에 대한 적부(適否) 판단을 하기 위해, 그리고 실제 심사절차 진행의 대비를 위해 기업에게 필요한 지식이다.[57]

(2)-1. 기각사유

법제42조(회생절차개시신청의 기각사유)

---

[57] 변호사의 예측 의견을 기업이 그대로 수용할 수 있지만 예측 의견대로 되지 않고 회생실패가 되어도 기업은 변호사에게 그 책임을 물을 수 없다는 점에서 예측 의견에 대한 적부(適否)의 판단은 기업이 직접하여야 한다.

① 회생절차의 비용을 미리 납부하지 아니한 경우

☞ 회생절차의 비용 대부분은 예납금이며 법원이 정한 기일에 납부하지 않으면 신청 회생절차는 기각된다.[58]

② 회생절차 개시신청이 성실하지 아니한 경우

☞ 성실하지 아니한 기각사유는 재판부의 판단 중 유일한 정성적 사유이며 신청 기업의 사정에 따라 여러 가지가 있을 수 있다. 대표적인 것은 재무상태표에 있는 가지급금 잔액에 대하여 영업 관련이라는 소명을 하지 못하는 경우, 체불 임금을 소명하지 못하는 경우, 회생절차 신청 직전의 자산이나 부채의 변동에 대하여 소명하지 못하는 경우, 그 소명을 재판부가 인정하지 않는 경우 등이다.

③ 그 밖에 회생절차에 의함이 채권자 일반의 이익에 적합하지 아니한 경우[59]

☞ 회생절차 신청 후 제출한 회생절차개시신청서와 대표자심문조서를 판사가 심사한 결과 추정계속기업가치의 크기가 청산가치보다 작다고 판단하거나 채권자 일반의 이익에 적합하지 않다고 판단하면 기각된다.

---

[58] 예납금은 기업의 규모에 따라 다르다. 자세한 내용은 "성공조건 ⑤ 기업회생절차 신청 타이밍"편에 자세히 기술하였다.

[59] 채권자 일반의 이익은 특정한 채권자만을 위한 것이 아니라 모든 채권자와 관계되는 이익

(2)-2. 회생성공의 문을 여는 골든키

　　회생절차개시신청서는 지금까지 법원에 신청 접수하는 요식행위 이상의 역할을 한 적이 없다. 하지만 회생절차개시신청서에는 회생성공 또는 실패를 가늠할 수 있게 하는 '기각사유의 유무, 추정계속기업가치, 청산가치, 회생채권현금변제율, 청산 시 배당률, 자금수지계획표' 등의 정보가 있다. 이 정보를 통해 '심사절차에서의 기각결정 여부, 재산조사절차에서의 청산결론 여부, 심리·결의를 위한 관계인집회절차에서의 회생계획안 인가 여부, 인가 후 회생채권의 변제 여부' 등을 회생절차 신청 전에 예측할 수 있다. 그리고 예측한 결과에 회생실패 요인이 있으면 제거하거나 수정하여 회생절차를 신청하면 실패할 확률을 최소화하거나 성공할 확률을 최대화할 수 있다. 이와 같이 회생절차개시신청서를 통해 생존절차의 결과를 예측할 수 있고 회생절차개시신청서의 작성 내용에 따라 회생성공 확률을 최대화할 수 있으므로 회생절차개시신청서를 회생성공의 문을 여는 '골든키(Golden Key)'라고 한다.

(2)-3. 회생절차개시신청서 작성 및 내용의 결정

　　회생절차개시신청서는 작성에 필요한 관련 자료를 채무자 기업으로부터 제출받아 법률대리인인 변호사가 채무자 기업을 대신하여 작성한다.[60] 단, 작성은 변호사가 하지만 아래 핵심내용은 변호사의 조력을 받아 채무자 기업이 직접 확인하고 결정하여야 한다.

- 추정계속기업가치의 크기는 청산가치보다 커야 한다.
- 기각사유 유무를 확인하여야 한다. 특히 가지급금 또는 체불임금 관련 기각 가능성 여부를 확인하여야 한다.
- 회생채권현금변제율의 크기는 채권자가 동의할 수준의 크기가 되어야 한다.

☞ 회생절차개시신청서 작성 항목

회생절차 개시의 신청은 다음 각호의 사항을 기재한 서면으로 하여야 한다. (채무자회생법 제36조)

(1) 신청인 및 법정대리인의 성명 및 주소, (2) 채무자가 개인인 경우에는 채무자의 성명·주민등록번호 및 주소, (3) 채무자가 개인이 아닌 경우 채무자의 상호, 주된 사무소 또는 영업소의 소재지, 채무자의 대표자 성명, (4) 신청의 취지, (5) 회생절차 개시의 원인, (6) 채무자의 사업목적과 업무의 상황, (7) 채무자의 발행주식 또는 출자지분의 총

---

[60] 회생절차의 작성 자료는 채무자 기업이 직접 하기에 거의 불가능한 전문 자료이므로 반드시 법률대리 계약서에 변호사 의무사항으로 기재하여 조력을 받아야 한다. 자료 작성을 계약서에 의무 사항으로 기재하지 않을 경우 자료 작성을 거절당할 수 있고, 자료 작성 대행 변호사를 추가로 선임해야만 일이 발생할 수 있다.

> 수, 자본의 액과 자산, 부채 그 밖의 재산상태, (8) 채무자의 재산에 관한 다른 절차 또는 처분으로서 신청인이 알고 있는 것, (9) 회생계획에 관하여 신청인에게 의견이 있는 때에는 그 의견, (10) 채권자가 회생절차개시를 신청하는 때에는 그가 가진 채권의 액과 원인, (11) 주주·지분권자가 회생절차 개시를 신청하는 때에는 그가 가진 주식 또는 출자지분의 수 또는 액

(2)-4. 대표자심문

판사가 직접 지휘하는 대표자심문(법 제41조)은 '서면심문' 과 '대면심문' 으로 구분되는데, 주심판사가 이메일(e-mail)로 발송한 대표자심문조서에 답변을 달아 판사에게 이메일로 회신하면 서면심문이 진행된다.[61] 대면심문이 필요할 경우에는 법원의 심문실에 기업 대표 및 관계인을 출석시켜 심문을 한다. 대표자심문과 현장검증이 동시에 진행되는 경우에는 판사가 회사를 직접 방문하여 회사의 경영관리 전반에 대한 브리핑(PPT 프레젠테이션)을 듣고 심사 및 현장검증을 한다.

대표자심문조서의 내용과 형식은 회생절차개시신청서와 거의 같고

---

[61] 회생절차개시신청서가 법원에 접수되면 법원은 즉시 대표자심문조서를 이메일로 기업 대표에게 전송한다.

회생성공 또는 회생실패를 결정하게 하는 내용이 있어 심문조서의 작성은 회생절차개시신청서처럼 '기각사유의 유무, 추정계속기업가치, 청산가치, 회생채권현금변제율, 청산 시 배당률, 자금수지계획표' 등을 중심으로 매우 신중하게 작성하여야 한다.

(2)-5. 대표자심문조서 작성 및 내용의 결정

대표자심문조서는 작성에 필요한 관련 자료를 채무자 기업으로부터 제출받아 법률대리인인 변호사가 채무자를 대신하여 작성한다.[62] 단, 작성은 변호사가 하지만 아래 핵심내용은 변호사의 조력을 받아 채무자 기업이 직접 확인하고 결정하여야 한다.

- 추정계속기업가치의 크기는 청산가치보다 커야 한다.

- 기각사유 유무를 확인하여야 한다. 특히 가지급금 또는 체불임금 관련 기각 가능성 여부를 확인하여야 한다.

- 회생채권현금변제율의 크기는 채권자가 동의할 수준의 크기가 되어야 한다.

☞ 대표자심문조서 작성 항목

(1) 인적사항, (2) 회사의 개요, (3) 관계회사 내용, (4) 자본에 관차

---

[62] 변호사가 대신 작성하게 하기 위해서는 법률대리 계약서에 '회생절차 관련 각종 자료의 작성'을 변호사의 의무사항으로 기재하여야 한다.

여, (5) 자산 및 부채에 관하여, (6) 영업 및 운영자금조달에 관하여, (7) 회생절차개시 요건과 관련하여, (8) 관리인의 선임과 관련하여, (9) 자구노력에 관하여, (10) 기타

(3) 재산조사절차의 결과 예측(생존절차 2단계 예측)

회생절차 개시결정이 있으면 후속절차인 재산조사절차가 진행되고 조사위원은 조사한 결과를 조사보고서로 작성하여 재판부에 보고한다. 조사위원이 추정한 계속기업가치가 청산가치보다 작으면 조사보고서의 결론은 "청산"으로 결정되어 회생절차는 폐지된다. 반대로 청산가치보다 크면 조사보고서의 결론은 "회생절차 계속"으로 결정되어 후속절차가 진행된다. 따라서 재산조사절차에서 예상하지 못한 청산결론을 당하지 않기 위해서는 회생절차를 신청하기 전에 재산조사절차에서 결정될 결과를 예측하고 그 결과에 따라 회생절차 신청 여부를 결정하여야 한다.

다음은 예측 결과에 따라 회생절차 개시신청 여부를 결정하는 방법이다.

- 회생절차 신청 기업은 회생절차개시신청서를 법원에 접수하기 전에 재산조사절차에서 결정될 '조사보고서의 결론'에 대한

예측 의견을 변호사에게 요청한다.

> 변호사는 회생절차개시신청서에서 작성한 '①추정계속기업가치 및 청산가치, ②회생채권현금변제액의 현가율 및 청산가치 배당률'과 조사보고서에서 조사위원이 작성할 ①과 ②를 비교하면 조사보고서의 결론을 예측할 수 있다.

- 채무자 기업은 변호사의 예측 의견을 검토하고 적부(適否)를 판단한다.

- 변호사의 예측 의견이 '조사보고서의 결론은 청산으로 될 가능성이 높다'이면 회생절차를 포기하는 방향으로 결정하는 것이 낫다.

- 변호사의 예측 의견이 '조사보고서의 결론은 회생절차의 계속으로 될 가능성이 높다'이면 기업은 생존절차 3단계인 관계인집회절차의 회생계획안 인가 여부로 예측을 이어간다.

상기 예측 방법을 흐름도로 만들면 아래와 같다.

[그림 7] 조사보고서의 결론 예측 흐름도

예측하는 기업회생절차 FLOW

```
재산조사절차의 결과 예측(생존절차 2단계 예측)
          ↓↓
          변호사에게
◆회생절차개시신청서에서 작성한 "①추정계속기업가치, 청산가
 치, ②회생채권현금변제액의 현가율, 청산가치 배당률"과 향후
 조사보고서에서 작성할 ①,②에 대한 비교 의견 요청
◆조사보고서의 결론에 대한 의견 요청
          ↓↓
  변호사 의견 = 청산 결론           Yes → 회생신청 포기
          ↓ No
관계인집회절차의 결과 예측(생존절차 3단계 예측)
```

 다음에 기술한 '조사보고서의 결론, 재산조사절차에 대한 대응 전략, 재산조사절차 흐름도, 계속기업가치 추정 및 종합의견 사례'는 변호사의 예측 의견에 대한 적부(適否) 판단을 하기 위해, 그리고 실제 재산조사절차 진행의 대비를 위해 기업에게 필요한 지식이다.

(3)-1. 조사보고서의 결론

 회생절차가 개시결정되면 조사위원은 조사일정을 통보한 후 약 1주일 동안 채무자 기업에 출근 상주하면서 회사의 재무 및 비재무에 대한 포괄적 재산조사를 한다. 재산조사의 결과는 조사보고서로 작성되고 기업 규모에 따라 다르지만 작성 분량은 약 200페이지 내외이며, 조사보고서의 핵심 내용은 약 2페이지 분량으로 기술되는 회생절차 폐지 여부를 결정하는 조사보고서의 '결론'이다.

조사보고서의 결론은 다음과 같이 회생절차의 계속(生) 또는 청산(死) 둘 중 하나가 된다.

- 재산조사절차에서 조사위원이 추정한 계속기업가치의 크기가 청산가치보다 크고, 회생채권현금변제액의 현재가치 변제율의 크기가 청산 시 배당률보다 크면 조사보고서의 결론은 "청산하는 것보다 회생절차를 계속 유지하는 것이 채권자에게 유리하다." 가 된다.(조사보고서 결론 = 회생절차 계속)

- 반대로 조사위원이 추정한 계속기업가치의 크기가 청산가치보다 작고, 회생채권현금변제액의 현재가치 변제율의 크기가 청산 시 배당률보다 작다면 조사보고서의 결론은 "회생절차를 계속 유지하는 것보다 청산하는 것이 채권자에게 유리하다." 가 되어 회생절차가 폐지된다.(조사보고서 결론 = 청산)

(3)-2. 재산조사절차에 대한 대응 전략

채무자 기업의 재산조사절차에 대한 대응 전략은 회생절차개시신청서에서 추정한 계속기업가치의 크기와 조사위원이 추정한 크기의 차이가 크지 않게 하는 것이다. 하지만 기업이 확정사실 외에 예정사실을 포함하여 계속기업가치를 추정하였을 경우에는 조사위원은 예정사실을 포

함하지 않고 추정하므로 조사위원의 추정계속기업가치는 기업이 추정한 것보다 작을 수밖에 없다. 따라서 아래 경우의 수를 감안하여 조사위원이 추정할 계속기업가치와 기업이 추정한 가치의 차이가 크지 않도록 회생절차개시신청서에서 계속기업가치를 추정하여야 한다.

<표 8> 계속기업가치 추정 근거에 따른 경우의 수

기업의 추정 근거	예정사실에 대한 소명	조사보고서 결론
과거 평균	소명 불필요	회생절차 계속
과거 평균 + 예정사실	조사위원이 소명을 인정	회생절차 계속
	조사위원이 소명을 불인정	청산

위 경우의 수에서 계속기업가치의 추정 근거(예정사실)에 대한 소명 자료가 조사위원으로부터 인정받을 수 없다고 예상되는 경우에는 '청산결론'에 의한 회생절차 폐지를 예상하여야 한다. 그럼에도 불구하고 추정계속기업가치를 확신하여 회생절차를 반드시 신청하겠다고 한다면, 예정사실에 대한 확실한 소명 전략 또는 조사위원에게 조사보고서의 수정을 명령하도록 재판부를 개입시킬 수 있는 확실한 전략이 있어야 한다. 현실적으로 판사는 회생절차 회생합의사건의 중립적 소송지휘를 이유로 조사위원과 기업 간의 이견에 개입하는 경우가 거의 없다. 하지만 채무자회생법에는 회생절차 진행과 관련하여 판사에게 중립을 요구하는 법 조항이 없다. 오히려 채무자회생법 제39조의2(회생절차 진행에 관한 법원의 감독 등)는 필요할 경우 법원 직권으로 채무자의 회생에 필요한 조치를 하도록 규정하고 있다. 따라서 조사보고서의

수정이 필요할 경우에는 법 조항을 근거로 법률대리 변호사의 조력을 앞세워 판사를 개입시킬 수 있도록 적극 대응하여야 한다.

　재산조사절차에서 청산결론을 당하지 않기 위한 위의 전략을 정리하면 아래와 같다.

- 회생절차개시신청서에서 추정한 계속기업가치의 크기와 조사위원이 추정한 계속기업가치의 크기가 크게 차이 나지 않게 하여야 한다.

- 조사위원이 추정한 계속기업가치가 청산가치보다 작게 추정되지 않게 하여야 한다.

- 소명 자료와 함께 예정사실을 포함하여 계속기업가치를 추정한 경우 조사위원이 인정할 수 있는 소명 자료가 되게 하여야 한다.

- 조사위원이 추정계속기업가치를 기업에게 불리하게 추정하거나 기업이 제시한 사업계획을 너무 보수적으로 판단하여 청산가치보다 작게 추정할 경우 법률대리 변호사의 조력과 함께 법39조의2와 관리위원직무편람(p.134)을 근거로 기업의 사업계획을 반영하게 하는 조사보고서의 수정을 재판부에게 신청하여야 한다.[63]

---

[63] 관리위원직무편람(p.134) "계속기업가치 산정은...(생략)...채무자가 제시하는 구조조정계획 등을 고려하여야 한다. 채무자가 제시하는 신규사업계획은 전부 배제

> 제39조의2(회생절차 진행에 관한 법원의 감독 등) ② 법원은 필요하다고 인정하는 경우…(생략)… 직권으로 다음 각 호의 조치를 취할 수 있다.
> 1. 회생절차의 진행에 관한 이해관계인과의 협의 …(2. ~ 5. 생략)…
> 6. 그 밖에 채무자의 회생에 필요한 조치

    필자가 CRO(기업구조조정임원)로 위촉되었던 회사의 사례이다. 조사위원은 재산조사 후 조사보고서의 결론을 "청산"으로 결정하였다. 회사에서 이의를 제기하였으나 조사위원은 특별한 사정이 없는 한 조사보고서의 수정은 불가하다고 하였다. 이에 대표는 회사를 매각하는 M&A MOU(양해각서)를 인수자와 체결하고, 조사위원에게 MOU를 제출한 후 M&A를 기반으로 하는 재산조사가 다시 될 수 있도록 조사보고서의 수정을 재판부에 요청하였다. 하지만 판사는 조사위원이 진행하는 재산조사의 독립을 보장하여야 하므로 판사가 개입할 수 없고 채무자가 조사위원을 설득하여야 한다고 하였다. 그러나 조사위원은 MOU가 법적 구속력이 없다는 이유로 채무자의 조사보고서 수정 요청

할 것이 아니라 실현 가능한 범위 내에서 적정한 수준으로 반영하여야 한다."

을 거절하였다. 결국 청산결론에 의해 채무자 기업은 완전 도산하였다. 위 사례는 법제39조의2(회생절차 진행에 관한 법원의 감독 등)를 알지 못한 채무자의 결과이며, 담당 변호사가 동 법을 적극 이용하지 않은 결과이다.

---

(3)-3. 재산조사절차 흐름도

회생절차가 개시 결정되면 즉시 재산조사절차가 진행된다. 재산조사는 회생채권자, 회생담보권자, 주주 등 각 이해관계인의 권리 신고가 끝나는 날로부터 약 2주간 진행되고, 조사가 끝나면 조사위원은 결과를 조사보고서로 작성하여 재판부에 제출한다. 그리고 제출된 조사보고서의 결론에 따라 회생절차는 '폐지 또는 계속'이 된다. 자세한 재산조사절차 흐름도는 아래와 같다.

| 조사위원은 개시결정일을 기준일로 재산조사 자료를 제출하도록 채무자 기업에게 안내한다. |

↓

| 재산조사 자료가 제출되면 조사위원은 조사 착수일로부터 채무자 기업에 출근 상주하면서 재산조사를 한다. |

↓

조사위원은 채무자 기업이 제출한 자료를 토대로 회사 관련자와의 인터뷰와 함께 재산조사를 시작하며, 조사 결과를 '조사보고서 작성 항목' 대로 작성한다.

↓

작성된 조사보고서는 법원의 관리위원으로부터 이상 유무에 대한 검토를 받는다. 만약 조사위원과 채무자 기업 간에 조사보고서의 추정 계속기업가치에 대하여 이견이 있다면 관리위원의 검토 과정에서 수정하여야 한다.[64]

↓

관리위원의 검토를 거친 조사보고서는 담당 판사가 확정 여부를 결정한다.

↓

확정된 조사보고서의 결론이 '청산'이면 회생절차는 폐지되고, '회생절차 계속'이면 후속절차인 회생계획안 작성이 진행된다.

☞ 조사보고서 작성 항목

조사위원은 법원의 결정에 의하여 법원이 정한 기한까지 다음 각호의 사항을 조사하여 제1차 조사보고서를 작성·제출하여야 한다.(채

---

[64] 관리위원의 검토 과정에서는 조사보고서의 수정이 가능 하지만 판사의 검토 과정에서는 수정이 매우 어렵다.

무자회생법 실무준칙 제218호 조사위원의 조사 · 보고)

1. 법 제90조 내지 제92조에 규정된 사항의 전부 또는 일부
2. 채무자의 사업을 계속할 때의 가치가 채무자의 사업을 청산할 때의 가치보다 큰지 여부 및 회생절차를 진행함이 적정한지 여부에 관한 의견
3. 채무자의 부채액에 산입 되지 아니한 채무자의 제3자에 대한 보증채무의 금액, 내용 및 보증책임의 발생가능성
4. 채무자의 이사나 이에 준하는 사람 또는 지배인의 중대한 책임이 있는 행위로 인하여 회생절차개시의 원인이 발생하였는지 여부 및 위와 같은 이사 등의 중대한 책임이 있는 행위에 지배주주 및 그 친족 기타 시행령이 정하는 범위의 특수관계에 있는 주주가 상당한 영향력을 행사하였는지 여부
5. 법 제100조 내지 제104조의 규정에 의하여 부인할 수 있는 행위의 존부 및 범위

조사보고서는 채무자회생법 실무준칙 제218호에 규정된 상기 항목대로 작성을 하여야 하나 실무에서 조사위원이 실제 작성하는 조사보고서의 항목은 아래와 같다.

(1) 조사의 개요, (2) 회사의 개요(회사의 업무현황, 회사의 연혁, 자본현황, 회사의 조직과 인원현황, 주요 거래 금융기관, 회사의 영업현황), (3) 회생절차 개시에 이르게 된 사정, (4) 채무자의 이사 등의 재산에 대한 보전처분의 여부, (5) 주주 의결권 제한사유 및

자본의 감소사유 발생여부, (6) 부인대상 행위의 존부 및 범위, (7) 채무자의 재산상태(재산상태 조사에 적용한 주요방법, 재산상태 조사 결과, 재산상태 조사내용, 채무현황, 담보제공 현황, 채무자가 제삼자에게 제공한 보증 및 담보내역, 채무자가 제삼자로부터 제공받은 보증 및 담보내역, 기타 우발채무), (8) 청산가치의 평가(청산가치 평가에 적용한 주요방법, 청산가치의 평가결과), (9) 수익성 전망 및 계속기업가치의 평가(향후 손익추정 요인의 검토, 매출액 추정, 매출원가 추정, 판매비와 관리비 추정, 영업외손익 추정, 법인세 등 추정, 추정손익계산서, 자금수지 예상요인의 검토, 계속기업가치의 평가), (10) 회생절차를 계속 진행함이 적정한지에 관한 의견(경제성 평가의 의의, 계속기업가치와 청산가치의 비교, 채무변제계획 및 변제액, 현금유지능력 검토, 배당률 및 변제율, 종합의견)

(3)-4. 계속기업가치 추정 및 종합의견의 조사보고서 사례

아래는 필자가 경험한 ㈜GSTK의 기업회생절차에서 조사위원이 작성한 조사보고서의 추정계속기업가치와 종합의견에 대한 사례이다.

가. 추정계속기업가치의 산정

추정계속기업가치는 정상적인 영업활동이 지속된다는 가정 하에 향후 유입될 것으로 기대되는 순영업현금흐름을 할인한 현재가치와 비영업용자산의 처분액을 합하여 아래와 같이 산정한다.

- 순영업현금흐름 = 영업이익 + 감가상각비 + 퇴직급여충당부채전입액 - 법인세 등 ± 운전자금증감액 - 유형자산투자액
- 순영업현금흐름의 현재가치 = 순영업현금흐름 × 현재가치조정계수
- 추정계속기업가치 = 순영업현금흐름의 현재가치 + 비영업용자산의 처분액

채무자의 준비 연도부터 10차 연도말까지 순영업현금흐름의 추정결과는 다음과 같다.

(단위:천원)

구분	준비연도	1차연도	2차연도	3차연도	4차연도	5차연도
영업이익(손실)	-41,717	-276,952	77,666	127,023	129,412	154,076
법인세 등	-	-	-	-	-	-
세후영업이익(손실)	-41,717	-276,952	77,666	127,023	129,412	154,076
감가상각비(+)	0	102,027	50,972	51,702	41,360	7,971
유형자산투자(-)	0	0	4,149	25,242	17,084	0
본사임차보증금(-)	0	80,000	0	0	0	0
운전자금증(감)	18,197	938,640	-100,687	-19,594	-1,308	-1,152
순영업현금흐름	-23,519	683,715	23,802	133,889	152,380	160,894

구분	6차연도	7차연도	8차연도	9차연도	10차연도	합계
영업이익(손실)	148,266	137,723	119,005	97,729	93,011	765,246
법인세 등	-	-	-	-	-	-
세후영업이익(손실)	148,266	137,723	119,005	97,729	93,011	765,246
감가상각비(+)	4,583	5,439	13,963	24,519	17,971	320,509
유형자산투자(-)	0	4,149	25,242	117,084	0	192,951
본사임차보증금(-)	0	0	0	0	0	80,000
운전자금증(감)	-1,127	-1,100	-1,072	-1,041	-1,009	828,743
순영업현금흐름	151,722	137,913	106,654	4,121	109,973	1,641,547

- 영업이익(손실)은 매출액에서 매출원가와 판매관리비를 차감한 것이다.

- 유형자산 감가상각비와 퇴직급여충당금 전입액은 실제로 현금유출을 수반하지 않는 비용이므로 순영업현금흐름에 가산한다.
- 법인세 등은 계속기업 영위 시 필수적으로 수반되는 현금유출 사항이므로 순영업현금흐름에서 차감하여야 하나 회생기간 동안 납부할 법인세 등은 없는 것으로 산출한다.
- 영업활동 운전자금의 증감액은 순영업현금흐름에 가감한다.

나. 현재가치할인율

재무분석의 계속기업가치 계산에서 현재가치 할인 방법은 자본자산가격결정모형(CAPM)을 많이 이용하지만 채무자의 업종과 유사한 상장회사를 찾을 수 없어 CAPM을 현재가치 할인 방법으로 사용하지 않는다. 보수적인 관점에서 조사기준일 현재의 3년 만기 국고채의 수익률인 1.795%에 서울회생법원에서 권장하는 위험프리미엄 2.5%~6.5%중 가장 높은 6.5%를 가산하여 산출된 8.295%를 현재가치 할인율로 사용한다. 할인율은 향후 회생계획 기간 10년 동안 지속적으로 적용한다.

다. 순영업현금흐름의 현재가치

회생기간인 준비연도부터 10차 연도까지의 연도별 순영업현금흐름과 할인율을 적용하여 구한 현재가치는 다음과 같다.

(단위:천원)

구분	준비연도	1차연도	2차연도	3차연도	4차연도	5차연도
순영업현금흐름	-23,519	683,715	23,802	133,889	152,380	160,894
현재가치계수	0.9961	0.9198	0.8491	0.7841	0.7240	0.6686
현재가치	-23,427	628,869	20,211	104,983	110,330	107,571
구분	6차연도	7차연도	8차연도	9차연도	10차연도	합계
순영업현금흐름	151,722	137,913	106,654	4,121	109,973	1,641,547
현재가치계수	0.6172	0.5700	0.5263	0.4860	0.4487	
현재가치	93,648	78,605	56,132	2,003	49,341	1,228,269

라. 회생기간 이후의 현금흐름의 현재가치(잔존가치)

회생기간 10차 연도 후의 현금흐름의 현재가치는 법인세 비용을 차감한 세후 현금흐름이 영구히 계속되는 것을 가정하여 산정한다. 단, 현금흐름의 성장률은 없는 것으로 가정한다. 즉, 영구성장률 0%를 적용한다.

(단위:천원)

구분	금액	비고
10차연도 영업현금흐름	109,973	
10차연도 영업이익에 대한 법인세 등	-10,231	
10차연도 세후 영업현금흐름 (c)	99,742	
고정성장률 (g)	0.00%	
할인율 (r)	8.295%	
할인계수 (1/(1+r)^n)	44.87%	
잔존가치	539,494	c/(r-g) * (1/(1+r)^n)

마. 보유자산의 처분가치

채무자는 보유 중인 본사의 토지와 건물을 매각 후 인근의 유사 건물을 임차하여 사용하는 것으로 계획하고 있으므로 처분 예정 자산은 청산가치로 처분하는 것으로 가정하여 계속기업가치 산정에 반영한다.

(단위:천원)

계정과목	처분금액	청산가치	처분시기
단기금융상품	2,700	2,650	1차연도말
단기대여금	15,000	15,000	1차연도말
토지	2,487,100	1,519,466	1차연도말
건물	898,275	620,653	1차연도말
합계	3,403,075	2,157,771	

바. 계속기업가치의 산정

산정한 추정계속기업가치는 다음과 같다.

(단위:천원)

구 분	금 액
회생기간 현금흐름의 현재가치	1,228,269
회생기간 이후 현금흐름의 현재가치	539,494
보유자산의 처분가치	2,157,771
계속기업가치	3,925,534

종합의견

이상의 조사결과를 종합하여 보면,

① 조사기준일 현재 회사의 재산상태를 조사한 결과 수정 후 자산총계는 4,790백만 원이고 부채총계는 20,007백만 원으로 부채가 자산을 초과한 상태이므로 회생절차가 유지되지 않을 경우에는 회생 가능성이 없습니다.

② 조사기준일 현재 회사의 계속기업가치와 청산가치를 비교한 결과 계속기업가치는 3,926백만 원이고 청산가치는 3,214백만 원으로 계속기업가치가 청산가치를 초과하고 있습니다.

> ③ 회생절차를 유지하는 경우의 전체 채권의 변제율이 23.69%로 청산 시의 배당률 16.02%보다 7.67% 높으므로 회생절차를 계속 유지하는 것이 채권자에게 유리합니다.
> ④ 자금수지계획(안)에 의하면 채무자는 회생기간 동안 영업활동과 보유 부동산 매각을 통하여 창출된 자금으로 변제하여야 할 채무원리금을 상환하고 회생기간 종료일인 2028년 12월 31일에 이월자금으로 15백만 원이 남게 됩니다. 따라서 채무자는 회생기간 동안 현금 유지 능력이 있습니다.

(4) 관계인집회절차의 결과 예측(생존절차 3단계 예측)

조사위원이 작성한 조사보고서를 재판부가 확정을 하면 후속절차인 회생계획안이 작성되고 판사는 이를 검토하여 확정한다. 확정된 회생계획안은 채권자 등 이해관계인이 출석한 관계인집회에 상정되고, 판사는 출석한 각 채권자들을 일일이 호명하여 회생계획안에 대한 동의여부를 확인한다. 이때 각 채권자소의 동의율 합이 법정동의율 미만이면 회생계획안은 '불인가' 되고 반대로 법정동의율 이상이면 '인가'

된다.[65] 따라서 관계인집회절차에서 예상하지 못한 불인가를 당하지 않고 회생계획 인가를 받기 위해서는 회생절차를 신청하기 전에 관계인집회절차에서 결정될 결과를 예측하고, 그 결과에 따라 회생절차 신청 여부를 결정하여야 한다.

다음은 예측 결과에 따라 회생절차 개시신청 여부를 결정하는 방법이다.

- 회생절차 신청 기업은 회생절차를 법원에 신청하기 전에 관계인집회에서 결정될 결과(회생채권자조별 동의 및 회생계획 인가 여부)에 대한 예측 의견을 변호사에게 요청한다.

> 💣 변호사는 회생절차개시신청서에서 작성한 '회생채권 현금변제율, 회생채권자리스트'의 내용으로 관계인집회에서 결정될 결과를 예측할 수 있다.

- 채무자 기업은 변호사의 예측 의견을 검토하고 적부(適否)를 판단한다.

- 변호사의 예측 의견이 '회생계획안 불인가 가능성이 높다'이면 기업은 회생절차를 포기하는 방향으로 결정하는 것이 낫다.

- 변호사의 예측 의견이 '회생계획안 인가 가능성이 높다'이면

---

[65] 법정동의율은 회생담보권자 3/4, 회생채권자 2/3, 의결권 있는 주주·지분권자 1/2 등으로서 모든 채권자조가 법정동의율 이상 동의하여야 회생계획 인가 대상이 된다. 만약 한 개조라도 법정동의율 미만이면 불인가 대상이다.

기업은 다음 단계인 4단계 회생계획에 의한 회생채권변제 여부로 예측을 이어간다.

☞ '회생계획 인가는 절반의 회생성공'이기도 하므로 회생계획 인가 가능성만으로 회생절차개시신청서의 법원 접수를 결정할 수도 있다.

상기 예측 방법을 흐름도로 만들면 아래 아래와 같다.

[그림 8] 관계인집회절차의 결과 예측 흐름도

예측하는 기업회생절차 FLOW

```
┌─────────────────────────────────────────────┐
│ 관계인집회절차의 결과 예측(생존절차 3단계 예측) │
└─────────────────────────────────────────────┘
                    ↓↓
              변호사에게
  ◆회생절차개시신청서에서 작성한 회생채권현금변제율에 대하여
  향후 관계인집회에서의 회생채권자조별 동의 가능성 및 회생계획
            인가 여부에 대한 의견 요청
                    ↓↓
  ┌──────────────────────────────┐         ┌──────────┐
  │ 변호사 의견 = 회생계획안 인가 │ No →   │회생신청 포기│
  └──────────────────────────────┘         └──────────┘
       ↓Yes              ↓Yes
  ┌────────────────┐   또는 회생채권 변제 여부 예측
  │회생절차 개시신청 접수│
  └────────────────┘
```

아래 기술한 '회생채권현금변제율, 회생채권현금변제율과 추정손익계산서와의 상관관계, 회생채권현금변제율과 회생계획 인가와의 상관관계, 공니채권자와 회생계획 인가와의 판계, 회생계획 인가 흐름도'는 변호사의 예측 의견에 대한 적부(適否) 판단을 하기 위해, 그리고 실제 관계인집회절차 진행의 대비를 위해 기업에게 필요한 지식이다.

(4)-1. 회생채권현금변제율

회생채권총액에서 출자전환 채권액을 뺀 나머지는 회생계획 기간 동안 현금으로 분할 변제하여야 한다. 이 분할 변제액을 회생채권현금변제액이라고 하며 변제액의 크기를 회생채권 총액과 비교하여 회생채권현금변제율이라고 한다.[66] 회생채권현금변제율이 채권자가 만족할 크기가 되지 못하면 회생계획안은 채권자 부동의로 불인가되고 회생절차는 폐지된다. 따라서 회생채권현금변제율의 크기는 회생성공 또는 실패를 가르는 결정적 요인이다. 변제율의 크기가 크면 채권자는 만족하겠지만 회생계획 기간 동안 충분한 영업성과가 없을 때 현금 부족으로 인하여 채권을 변제하지 못할 우려가 있고, 변제율의 크기가 작으면 채권자가 만족할 수 없어 채권자 부동의로 인하여 회생절차가 폐지될 수 있다. 따라서 회생채권현금변제율의 크기는 너무 크지 않으면서 동시에 채권자가 만족할 수 없을 정도로 작지 않아야 한다.

---

[66] 회생채권 출자전환금액 = 회생채권총액 − 회생채권현금변제액

$\dfrac{\text{회생채권 출자전환금액}}{\text{회생채권총액}}$ = 회생채권 출자전환율

회생채권현금변제액 ≤ 추정기간 영업활동후현금흐름총액 + 비영업용자산 처분 금액

$\dfrac{\text{회생채권현금변제액}}{\text{회생채권총액}}$ = 회생채권현금변제율

(4)-2. 회생채권현금변제율과 추정손익계산서와의 상관관계

　회생계획안의 회생채권현금변제율은 조사보고서에서 추정한 손익계산서로부터 추출한 영업활동후현금흐름 범위 내에서 산정되며, 조사보고서의 추정손익계산서는 회생절차개시신청서의 추정손익계산서를 기초로 산정된다. 따라서 회생절차개시신청서에서 손익계산서를 너무 적극적으로 크게 추정하면 이를 기초로 추정하는 조사위원의 영업활동후현금흐름의 크기가 너무 커질 수 있으므로 유의하여야 한다. 왜냐하면 조사위원이 추정한 영업활동후현금흐름의 크기에 비례하여 회생채권현금변제율이 커지게 되고, 회생계획 인가 후에는 커진 회생채권현금변제액을 변제하지 못해 회생절차가 폐지될 수 있기 때문이다. 반대로 조사위원의 추정을 의식하여 손익계산서의 미래를 너무 보수적으로 작게 추정하면 조사위원이 추정하는 영업활동후현금흐름의 크기가 작아질 수 있으므로 또한 유의하여야 한다. 왜냐하면 조사위원이 추정한 영업활동후현금흐름의 크기에 비례하여 회생채권현금변제율이 작아지게 되고, 작아진 회생계획안의 회생채권현금변제율을 채권자가 동의하지 않을 수 있기 때문이다.

(4)-3. 회생채권현금변제율과 회생계획 인가와의 상관관계

재판부에서 조사보고서를 확정하면 채무자 기업은 '회생계획안, 회생계획안 요약표, 회생계획안 별표' 세 가지로 회생계획을 작성하고 관계인집회절차에 이를 상정하여 채권자들로부터 회생계획 인가 여부에 대한 심리 결의를 받아야 한다. 실무에서는 회생계획을 상정하기 전에 '회생계획 입안의 기초, 변제할 회생채권의 내역, 권리의 변경과 회생채권 변제방법의 요지'의 내용으로 작성한 '회생계획안 요지'를 채권자 모두에게 보내며, 채권자는 회생계획안 요지를 통해 회생계획에 대한 동의 여부를 결정한다.[67] 이때 채권자의 동의 여부를 결정하는 것은 회생계획안 요지에 기재된 회생채권현금변제율의 크기이며 그 크기가 만족할 수준이 아니면 채권자는 회생계획에 동의하지 않는다. 아래의 회생채권현금변제율과 회생계획 인가 가능성 경우의 수는 기준과 원칙이 아닌 기업회생절차 현장에서 경험한 필자의 주관적 크기이며, 실제 결정되는 회생채권현금변제율의 크기와 회생계획안 인가 동의 여부는 협상 결과에 따라 각 채권자별로 다르다.

---

[67] 회생계획 전부를 요구하는 채권자도 있다.

<표 9> 회생채권현금변제율과 회생계획 인가 가능성 경우의 수

변제율	회생계획 인가 가능성
40% 이상	인가 가능성이 '매우 높다'고 할 수 있다.
35% ~ 39%	인가 가능성이 '높다'고 할 수 있다.
30% ~ 34%	인가 가능성이 '있다'고 할 수 있다.
25% ~ 29%	'불인가 가능성이 있다'고 할 수 있다.
24% 이하	'거의 불인가'될 수 있다.

$$회생채권현금변제율 = \frac{회생채권현금변제액}{총 채무액}$$

아래는 회생채권현금변제율 40%를 가상한 기준으로, 채권자 법정동의율의 크기를 독립변수로, 회생계획 인가 여부를 종속변수로 만든 Excel 조건함수(if)이다.

$Y = IF(AND\ (X_1 >= 40\%,\ X_2 >= 3/4,\ X_3 >= 2/3,\ X_4 >= 1/2),\ "인가",\ "불인가")$

Y : 회생계획안 인가 여부

X_1 : 회생채권현금변제율의 크기

X_2 : 회생담보권자의 동의율 크기 ▶법정동의율 3/4

X_3 : 회생채권자의 동의율 크기 ▶법정동의율 2/3

X_4 : 주주·지분권자의 동의율 크기 ▶법정동의율 1/2

(4)-4. 몽니채권자와 회생계획 인가와의 관계

    50% 이상의 채권자가 동의한 회생계획임에도 불구하고 회생채권현금 변제율이 자신이 원하는 크기가 아니면 무조건 부동의 하는 금융채권자가 있을 수 있는데 이런 채권자를 '몽니채권자'라고 한다.[68] 만약 몽니채권자의 동의율이 회생계획 인가 여부의 캐스팅보트(casting vote)가 될 경우에는 과반의 동의에도 불구하고 법정동의율 획득에 실패할 수 있다.[69] 사실 지금까지 몽니채권자가 캐스팅보트일 경우 재판부는 소송지휘의 중립을 이유로 아무런 관여를 하지 않아 채무자 기업이 대응할 수 있는 방법은 없었다. 하지만 채무자회생법에는 재판부가 관여할 수 있는 법 조항이 있다. 채무자회생법 제39조의2(회생절차 진행에 관한 법원의 감독 등)는 "법원은 필요하다고 인정하는 경우 직권으로 이해관계인과 협의할 수 있고 채무자의 회생에 필요한 조치를 취할 수 있다."라고 규정하여 재판부의 개입을 명시하고 있다. 법으로 몽니채권자를 강제할 수 없지만 몽니채권자를 엄중한 법원에 출석시켜 판사

---

[68] 몽니채권자는 법률용어가 아닌 필자가 명명한 것이다.

[69] 캐스팅보트가 될 경우는 법정동의율 구성에 반드시 몽니채권자가 포함되어야만 할 경우를 말한다.

가 채무자 회생에 필요한 요청을 한다면 채무자와의 직접 협상과는 다른 결과를 기대해 볼 수 있다고 생각한다. 왜냐하면 판사의 개입에도 불구하고 몽니채권자가 끝내 동의하지 않을 경우에는 법 39조의2에 의해 판사가 직권으로 '채무자의 회생에 필요한 조치'를 취할 수 있기 때문이다. 만약 판사가 선택한 필요한 조치가 회생계획 인가라면 법 제244조(동의하지 아니하는 조가 있는 경우의 인가)에 의한 회생계획 인가를 결정할 수 있다.[70] 따라서 채무자의 회생을 위해 판사의 직권 행사나 개입이 필요할 경우에는 법률대리 변호사의 조력으로 법39조의2를 활용하여 몽니채권자에게 적극 대응하여야 한다.

제39조의2(회생절차 진행에 관한 법원의 감독 등) ② 법원은 필요하다고 인정하는 경우 …(생략)… 직권으로 다음 각 호의 조치를 취할 수 있다.

1. 회생절차의 진행에 관한 이해관계인과의 협의 … (2. ~ 5. 생략) …

6. 그 밖에 채무자의 회생에 필요한 조치

---

(4)-5. 회생계획 인가 흐름도

---

[70] 동의하지 아니하는 조가 있는 경우의 인가를 '강제인가'라고 한다.

회생계획안을 작성하여 재판부에 제출하면 회생법원의 관리위원이 작성 내용의 적부(適否)를 확인한 후 담당 판사에게 보고한다.

↓

담당 판사가 회생계획안을 확정한 후 회생채권자에게 '회생계획안 요지'를 송달한다.

↓

회생채권자는 회생계획안 요지에 기재된 '회생채권현금변제율'의 크기로 회생계획안 동의 여부를 결정하며, 채무자 기업은 채권자별로 개별 접촉 협상하여 회생계획안에 대한 동의 여부를 확인하고, 동의하는 채권자들을 집계한 예상동의율표를 작성하여 관계인집회일 전에 재판부에 제출한다.

↓

재판부는 정한 일자에 채권자 등이 참석하는 관계인집회를 개최하여 회생계획안에 대한 심리 및 결의를 한다.

↓

재판부는 관계인집회일에 회생법원에 출석한 채권자 등을 일일이 개별 호명하여 회생계획안에 대한 동의 가·부를 확인한다. 동의를 하면서도 출석하지 않는 채권자는 인감증명서를 첨부한 위임장을 제출하여 채권자 자신의 의사표시를 대신할 수임자에게[71] 위임하고, 수임자는 채권자를 대신하여 판사의 호명에 응하여 동의 여부 의사표시를 한다. 의사표시 없이 불출석한 채권자는 부동의로 간주한다.

---

[71] 통상 채무자 기업의 회생담당 실무자가 채권자로부터 위임을 받는다.

↓

> 동의 가·부가 확인된 회생담보권자, 회생채권자, 주주지분권자 등을 각각의 채권자조별로 동의율을 집계하고 그 결과를 관계인집회 장소에서 판사가 직접 발표한다.

↓

> 회생계획안 인가 가·부의 결정은 관계인집회 당일에 판사가 선고하거나 또는 며칠 후에 선고 결정한다.[72]

(4)-6. 회생계획안 작성 및 회생채권현금변제율의 크기 확정

회생계획안은 조사보고서를 근거로 법률대리인인 변호사가 채무자를 대신하여 작성한다.[73] 단, 회생채권현금변제율의 크기는 변호사의 조력을 받아 아래와 같이 채무자 기업이 직접 확인하고 크기를 확정하는 것이 좋다.

- 회생계획안을 작성 완료하기까지 시일이 오래 걸리므로 작

---

[72] 관계인집회 당일에 회생채권자조별 법정동의율에 미달하면 불인가 대상이지만 관계인집회의 며칠 후의 최종 발표에는 재판부가 강제인가 하는 경우가 있기도 하고, 혹은 **법정동의율** 이상을 획득하였지만 회생계획안에 문제가 발견되어 불인가 되는 경우가 있기도 하다.

[73] 변호사가 대신 작성하게 하기 위해서는 법률대리 계약서에 '회생절차 관련 각종 자료의 작성'을 변호사의 의무사항으로 기재하여야 한다. 회생계획안의 작성 내용은 조사보고서의 범위를 초과할 수 없다.

성 변호사에게 회생채권현금변제율부터 산정하도록 요청한다.

· 산정된 회생채권현금변제율의 크기를 기준으로 채권자별로 접촉하여 동의 가능 여부를 확인한다.

· 채권자별 동의 여부를 집계하여 예상동의율표로 만들어 법정동의율 달성 여부를 확인한다.

· 예상동의율이 법정동의율 이상이면 회생채권현금변제율의 크기를 그대로 확정한다. 반대로 법정동의율 미만이면 채권자를 동의시킬 수 있는 크기로 회생채권현금변제율을 수정 산정하여야 한다.

☞ 회생계획안 작성 항목

1) 회생계획안 제출에 이르기까지의 경과와 현황(회사의 개요, 회생절차 개시신청에 이르게 된 사정, 회생절차 개시신청 후의 경과), (2) 회생계획안의 요지(회생계획안 입안의 기초, 변제할 채권의 내역, 권리변경과 변제방법의 요지, 결언), 3) 회생담보권 및 회생채권에 대한 권리변경과 변제방법(총칙, 회생담보권의 권리변경과 변제방법, 회생채권의 권리변경과 변제방법, 조세 등 채권의 권리변경과 변제방법, 신고하지 않은 채권의 처리, 미확정 회생담보권 및 회생채권의 처리, 부인권 행사로 부활될 회생채권의 처리, 장래의 구

상권, (4) 공익채권의 변제방법, (5) 변제자금의 조달방법(영업수익금, 보유자산의 처분, 차입금, 기타의 수입금), (6) 자구노력의 추진, (7) 운영자금의 조달방법, (8) 예상수익금 과부족 시 처리방법(예상수익금 초과 시 처리방법, 예상수익금 부족 시 처리방법), (9) 주주의 권리변경과 신주발행(주주의 권리제한, 자본감소, 신주발행, 출자전환에 의한 신주발행, 주식 재병합에 의한 자본감소, 주식 재병합 후 자본내역, (10) 사채 발행, (11) 정관 변경, (12) 분쟁 해결 방법, (13) M&A 추진, (14) 임원 선임 및 해임, (15) 관리인 보수, (16) 회생절차 종결, (17) 회생절차 폐지 신청, (18) 기타 사항

☞ 회생계획안 요약표 작성 항목

(1) 비교사업계획(조사보고서 vs. 회생계획안), (2) 추정자금수지계획표, (3) 조사기간 이후 회생담보권 회생채권의 변동 내용(추후보완신고된 회생담보권 회생채권자 조세벌금 등의 목록 신고 및 시부인 총괄표, 추후보완신고된 회생담보권 시부인명세서, 추후보완신고된 회생채권 시부인명세서, 추후보완신고된 벌금 조세 등의 명세서, 명의변경된 회생채권명세서, 소명된 회생채권명세서), (4) 변제계획안 요지(권리변경 및 변제총괄표, 채권별 현가율 계산명세서), (5) 정산배당률표, (6) 정관 변경, (7) 주주의 권리변경 및 출자전환에 따른 지분변동표(주식병합 및 출자전환, 주식 재병합 후 주주명세서), (8) 차입금규모 산정, (9) 의결권 비율 순위표

☞ 회생계획안 별첨 목록

재무상태표, 손익계산서, 조사기간 이후 회생담보권 회생채권 등의 변동사항, 추후보완 회생담보권 회생채권 조세채권 등의 신고 및 시부인 총괄표, 추후보완신고된 회생담보권 시부인명세서, 추후보완신고된 회생채권 시부인명세서, 추후보완신고된 조세 등 채권명세서, 명의변경된 회생담보권명세서, 명의변경된 회생채권명세서, 소명된 회생채권명세서, 회생담보권 및 회생채권의 권리변경 총괄표, 회생담보권의 권리변동 및 권리변경명세서(대여금채권), 회생채권의 권리변동 및 권리변경명세서(대여금채권), 회생채권의 권리변동 및 권리변경명세서(확정구상채권), 회생채권의 권리변동 및 권리변경명세서(상거래채권), 회생채권의 권리변동 및 권리변경명세서(조세 등 채권), 회생채권의 권리변동 및 권리변경명세서(미발생구상채권), 회생담보권 및 회생채권의 변제계획총괄표, 회생담보권의 변제계획(대여금채권), 회생채권의 변제계획(대여금채권), 회생채권의 변제계획(확정구상채권), 회생채권의 변제계획(상거래채권), 회생채권의 변제계획(조세 등 채권), 회생채권의 변제계획(미발생구상채권), 주식의 권리변경 및 출자전환 후 주주지분 변동총괄표. 주식병합 출자전환 주식 재병합 후 주주명세서, 추정자금수지표

(5) 회생채권 변제 여부 예측(생존절차 4단계 예측)

심사절차(1단계), 재산조사절차(2단계), 관계인집회절차(3단계) 등에 대한 '예측'은 변호사가 하고, 예측을 통한 '결정'은 채무자 기업이 한다. 하지만 1~3단계와 달리 4단계인 회생채권 변제 여부는 '예측과 결정' 두 가지 모두를 채무자 기업이 하여야 한다. 왜냐하면 회생채권의 변제 여부의 판단 기준이 영업성과로 창출된 현금의 크기이고, 영업성과의 창출은 변호사의 전문분야가 아니기 때문이다.

아래는 회생절차를 신청하기 전에 '회생채권 변제 여부'를 예측하고 그 결과에 따라 회생절차 개시신청 여부를 결정하는 방법이다.

- 회생절차 신청 기업은 회생절차 신청 전에 작성한 회생절차 개시신청서의 추정자금수지계획표에서 '회생채권 변제 가능성이 없거나 낮다'고 예측되면 회생절차를 포기하는 방향으로 결정하는 것이 낫다.

- 회생절차 신청 전에 작성한 회생절차개시신청서의 추정자금수지계획표에서 '회생채권 변제 가능성이 높다'고 예측되면 기업회생절차 신청을 결정한다.

상기 예측방법을 흐름도로 만들면 아래와 같다.

[그림 9] 회생채권 변제 여부 예측 흐름도

예측하는 *기업회생절차* FLOW

회생채권 변제 여부 예측(생존절차 4단계 예측)

↓ ↓

| 법인기업의 판단 = 첫 회생채권변제 가능 | No → | 회생신청 포기 |

↓ Yes

회생절차 개시신청 접수

03

7-Conditions
for successful rehabilitation

성공조건 ③ 회생절차 예측 가능 변호사

'회생절차 예측 가능 변호사'란 회생절차를 신청한 후에 진행될 심사절차에서의 기각 또는 개시결정 여부, 재산조사절차에서의 청산 또는 회생절차의 계속 여부, 관계인집회절차에서의 회생계획 인가 여부를 예측하여 주는 변호사를 말한다. 예측 가능 변호사와 함께 하는 기업회생절차는 회생절차를 신청하기 전에 결과를 예측하고, 예측한 결과에 회생절차 폐지 요인이 있다면 그 요인을 제거한 후 신청하므로 신청 후의 회생절차 폐지 가능성은 최소화하고 회생성공 가능성을 최대화할 수 있다. 하지만 그동안 채무자 기업은 회생절차를 예측하여 주

는 변호사를 만나지 못했다.[74] 그동안 변호사에게 예측해 달라는 기업이 없었고 스스로 예측하여 주는 변호사도 없었기 때문이다. 그렇다고 예측 가능 변호사가 시장에 없는 것은 아니다. 왜냐하면 앞에서 언급한 바와 같이 기업회생절차는 예측 가능한 구조이기 때문에 회생계획 인가 및 종결 경험이 많은 전문 변호사라면 누구나 충분히 예측할 수 있기 때문이다. 하지만 현재 시장에는 회생절차를 예측하여 주는 서비스를 제공하는 변호사가 없기 때문에 기업 스스로 예측 가능 변호사를 판별하여 찾을 수밖에 없다.

(1) 회생절차 예측 가능 변호사 판별

"좋은 질문은 해답과 같은 힘을 지닌다. 정확한 답을 찾으려면 정확한 질문을 해야 한다" 라는 명언처럼 예측 가능 변호사 여부는 상담할 때 변호사에게 질문을 하고 답변을 통해 판별할 수 있다.

- 상담 변호사에게 아래 질의응답 내용을 보여주고 변호사의

---

[74] "회생절차 예측 가능 변호사"는 "예측하는 기업회생절차"와 함께 필자가 처음 사용하는 용어이며 개념이다.

답변을 통해 회생절차 예측 가능 여부를 확인한다.[75]

Q 회생절차개시신청서와 대표자심문조서를 기업회생절차의 법원 신청 전에 작성할 수 있습니까?

A 예, 신청 전에 작성할 수 있습니다.

Q ①심사절차에서의 기각 또는 개시결정 여부 ②재산조사절차에서의 조사보고서의 청산결론 여부, ③ 관계인집회에서의 회생계획 인가 여부를 기업회생절차의 법원 신청 전에 예측할 수 있습니까?

A 회생절차개시신청서에는 질문하신 ①, ②, ③에 대한 내용이 있습니다. 따라서 회생절차를 법원에 신청하기 전에 회생절차개시신청서를 작성한 후 그 내용을 분석하면 신청 후의 회생절차에서 결정될 ①, ②, ③의 결과를 예측할 수 있습니다. 회생절차의 결과에 대한 예측이 가능하다는 것을 좀 더 자세히 구체적으로 설명을 하면 ① 회생절차개시신청서의 내용에 법에 규정된 기각사유 3가지 유무를 확인하면 심사절차의 결과를 예측할 수 있고, ② 회생절차개시

---

[75] 회생계획 인가 및 종결 경험이 많은 변호사는 질의응답처럼 예측 가능하다는 답을 할 가능성이 크다. 하지만 인가 및 종결 경험이 적거나 없는 변호사들에게서는 예측을 해본 적이 없다거나 아니면 예측하는 것은 말도 안 된다거나 등 여러 반응이 있을 수 있다. 중요한 것은 변호사들의 여러 반응이 아니라 회생절차를 신청 검토하는 기업의 입장에서 예측 가능 변호사를 찾을 때까지 변호사 쇼핑을 계속하여야 하는 것이다.

> 신청서에서 추정한 계속기업가치의 크기를 조사보고서에서 추정할 계속기업가치와 청산가치를 함께 비교하면 재산조사절차의 결과를 예측할 수 있고, ③ 회생절차개시신청서에서 추정한 회생채권현금변제율의 크기를 회생계획안에서 작성할 회생채권현금변제율의 크기와 채권자가 동의할 수 준의 크기를 함께 비교하면 채권자의 동의 여부(회생계획 인가 여부)를 예측할 수 있습니다.

- 상담 변호사가 상기 질의응답처럼 심사절차, 재산조사절차, 관계인집회절차에서 결정될 결과를 회생절차 신청 전에 예측할 수 있다고 하면 다음의 "성공조건 ④ 예측 가능 계약서" 대로 회생절차 법률대리 계약을 한다.

- 만약 상담하는 변호사가 질의응답을 이해하지 못하거나 예측을 거절한다면 예측 가능 변호사를 찾을 때까지 '변호사 쇼핑'을 계속한다.

아래는 회생절차를 예측하여 주는 변호사를 가상으로 만든 사례이다.

나심판 변호사는 회생절차의 결과를 예측해본 적이 없다. 하지만 사건 의뢰인 ㈜ABC와의 상담에서 회생절차 예측 가능 여부에 대한 질의 내용을 보니 충분히 예측이 가능하다는 판단하에 회생절차 예측 자문을 포함하여 회생절차 대행 및 법률대리 계약을 하였다. 처음 작성하는 예측 의견이지만 회생

절차개시신청서와 대표자심문조서의 내용을 토대로 '(1) 기각 또는 개시결정 여부, (2) 조사보고서의 청산결론 여부, (3) 회생계획 인가 여부' 등에 대한 예측 의견을 작성하였다. 예측한 결과 기각사유는 없고, 계속기업가치는 청산가치보다 높게 추정되며, 회생채권현금변제율은 40% 가까이 추정되어 회생채권자의 법정동의율 확보가 가능하다는 의견을 제시했다.

---

(2) 기업회생 전문 변호사와 일반 변호사

채무자 기업이 회생절차에서 가장 먼저 해야 할 일은 자신을 대리할 변호사를 선임(選任)하는 것이다. 왜냐하면 기업회생절차는 기업이 독자적으로 수행할 수 없고 회생절차의 시작부터 마지막까지 선임 변호사의 자문에 따라 결정하고 진행해야 하기 때문이다. 따라서 전문 변호사에게 위임을 하면 회생성공 확률이 높고 그렇지 못한 일반 변호사에게 위임을 하면 실패할 확률이 높을 수밖에 없어 기업회생절차의 성공 여부는 법률대리 변호사의 능력에 달려있다고 할 수 있다. 인터넷 포털에서 검색하면 기업회생절차를 전문업으로 간판을 건 수많은 변호사·법무법인들을 찾을 수 있다. 하지만 모두 같은 간판이라고 하여도 변호

사간의 전문능력의 차이는 천양지차(天壤之差)이다. 왜냐하면 기업회생절차 관련 도산법은 과거 사법고시에서나 현재 법학전문대학원(로스쿨)에서나 모두 필수과목이 아니기 때문에 학부 때 특별히 전공하지 않으면 알 수 없는 분야이며, 설사(設使) 부전공을 하였다고 하여도 회생법원 현장에서 수많은 경험적 실전지식을 습득해야만 하는 분야이므로 현장 경험이 많은 변호사의 능력이 그렇지 못한 변호사에 비해 월등하게 클 수밖에 없기 때문이다.

이론과 실전지식을 겸한 전문 변호사가 되는 대표적인 방법은 다음의 4 가지가 있다. 첫째, 회생법원 판사로 부임하여 기업회생절차 회생사건을 다년간 경험한 후 퇴직하여 개업한 경우, 둘째, 기업회생절차 전문 법무법인에 월급 변호사로 취업한 후 전문 변호사로부터 이론적 지식을 배우면서 현장에서 전문 능력을 키운 경우, 셋째, 일반 변호사가 회생법원의 관리위원이 되어 이론과 현장의 경험을 쌓은 경우, 넷째, 일반 변호사가 법정관리인 양성과정 교육을 수료한 후 월급 변호사나 관리위원을 거친 경우 등 네 가지이다. 하지만 상기 4 가지의 경우를 거쳐 기업회생 전문 변호사로서의 기본을 갖춘다고 하더라도 '회생계획 인가 및 회생절차 종결'의 실적면에서 차이가 매우 클 수 있다. 왜냐하면 매년 발생하는 회생합의사건 숫자에 비해 변호사의 수가 너무 많아 현실적으로 기업회생사건을 수임할 기회를 갖기 어렵기 때문이다.[76] 게다가 기업회생절차의 인가율은 37%, 종결률은 23%에 불과하여

---

[76] 2022년 7월 현재 대한변호사협회에 등록된 개업 변호사는 26,503명, 법무법인은 1,337개 등 총 27,840개이다. 이에 반해 지난 16년간 기업회생 신청 숫자는

기업회생절차를 수임하여도 확률적으로 회생계획 인가 및 종결까지 경험하기가 더욱 힘들다. 따라서 회생계획 인가와 회생절차 종결 실적이 많은 자가 진짜 실력있는 기업회생절차 전문 변호사라고 할 수 있다.

수술 명인으로 평가받는 의사의 성과가 완치된 환자의 숫자이듯 변호사의 실력 수준은 회생계획 인가 숫자와 회생절차 종결 숫자로 판별하여야 한다. 예를 들면 변호사 A의 경우 회생사건 수임 숫자가 100개이고 개시결정 숫자가 80개, 종결 숫자가 5개이면 회생성공률은 5%이다. 변호사 B의 경우에는 회생사건 수임 숫자가 50개, 개시결정 숫자가 40개, 종결 숫자가 30개이면 회생성공률은 60%이다. 따라서 변호사 B는 A와 비교하면 수임 숫자와 개시결정 숫자가 적지만 종결 숫자가 월등히 높아 B의 회생성공률이 A보다 10배 이상 높다. 이는 변호사의 실력을 수임 및 개시결정 숫자로 평가할 수 없고, 회생계획 인가 및 회생절차 종결 숫자로 평가하여야 한다는 것을 말한다.

11,394개, 회생계획 인가 숫자는 4,174개, 종결 숫자는 2,583개 등으로서 변호인 1인당으로 계산하면 기업회생절차 신청 숫자는 0.41개, 인가 숫자는 0.15개, 종결 숫자는 0.09개에 불과하다. 기업회생사건과 변호사 숫자와의 비교는 기업회생 전문 변호사 숫자를 비교하여야 하지만 회생 전문 변호사 숫자를 알 수 없어 편의상 전체 변호사 법무법인 숫자와 비교하였다.

04

7-Conditions
for successful rehabilitation

성공조건 ④ 회생절차 예측 가능 계약서

채무자 기업이 해야 할 회생절차 실무는 '회생절차 자료의 작성'과 신청부터 종결까지 수행하여야 할 '회생절차의 진행' 두 부문으로 구분할 수 있다. 작성하여야 할 자료는 회생절차개시신청서, 대표자심문조서, 회생채권목록표, 회생채권시·부인표, 조사보고서, 회생계획안, 회생계획안 요약표, 회생계획안 별첨으로서 수백 페이지에 이를 정도로 분량이 방대하다. 회생절차의 진행은 채무자회생법·시행령·규칙·준칙·관리위원직무편람 등 법률로 규정된 절차로 매우 복잡하고 어렵다. 따라서 회생절차가 처음인 기업은 반드시 변호사를 선임하

여 자료의 작성 및 절차의 진행에 관한 조력을 받아야만 한다.[77] 문제는 자료 작성 및 회생절차의 진행이 변호사의 조력으로 가능하다고 하여도 법률대리 계약서에 기재한 내용에 따라 회생절차가 회생성공 또는 실패로 귀결될 수 있다는 점이다. 따라서 계약서의 내용을 꼼꼼히 따져 자세하게 작성하여야 함에도 불구하고 법률대리 계약서에 대하여 판단할 지식과 정보가 없는 회생 신청 기업 대부분은 변호사가 제시하는 내용대로 계약을 체결한다. 따라서 법률대리 계약서는 변호사에게 유리하고 기업에게는 불리할 가능성이 높다. 필자가 경험한 네 번의 기업회생절차에서도 변호사가 제시하는 대로 계약을 하여 회생기업은 불리한 피해를 감수할 수밖에 없었다. 필자가 경험한 불리함의 예를 들면, 회생절차 상담 및 신청 과정에서 변호사가 제시한 대로 '회생절차 대행 자문 및 법률대리'의 내용으로 계약서를 작성하였다. 그리고 회생절차 개시결정 후에는 법원이 요청하는 필요 서류 작성을 변호사에게 요청하였고 채무자 기업은 당연히 변호사가 자료 작성을 해주거나 도움을 줄 것이라고 생각하였다. 하지만 변호사는 법률대리 계약서에 '자료 작성' 문구가 없다는 이유로 채무자 기업의 요청을 거절하였다. 기업은 엄청난 충격을 받았으나 어쩔 수 없이 거액 수임료의 중복 부담과 함께 자료 작성 변호사를 추가로 선임할 수밖에 없었다. 또 다른 사례는 수임료 지급 조항을 '전액 선불'로 기재하여 회생절차 대

---

[77] 기업회생절차는 전문 변호사의 조력이 필요한 민사소송이므로 회생 신청 기업이 회생절차개시신청서를 법원에 직접 접수하면 판사는 기업에게 법률대리 변호사를 선임하도록 소송지휘를 한다.

행 기한을 1년으로 계약한 기업회생절차가 3개월 만에 폐지되었음에도 불구하고 남은 9개월의 잔여 자문기간에 대한 수임료를 기간 계산하여 환불받을 수 없었다. 따라서 위와 같은 사례가 되지 않기 위해서는 변호사가 제시하는 대로 계약을 하기보다 변호사 의무 조항과 수임료 지급 조항을 불리하지 않게 자세히 작성하여야 한다. 또한 성공하는 기업회생절차의 조건인 '예측 결과에 의한 기업회생절차'와 '예측 가능 변호사'가 될 수 있게 하는 의무 조항을 계약서에 반드시 포함하여야 한다. 아래 '법률대리 계약서 주요 내용'처럼 계약을 요구하면 일반적인 경우보다 더 많은 수임료를 요구하거나 아니면 계약을 거절할 수도 있다. 만약 상담 변호사가 거절하면 수임료를 더 부담하더라도 예측 가능 변호사를 찾을 때까지 변호사 쇼핑을 계속하여야 한다.

'회생절차 예측 가능 계약서'는 법률대리 변호사가 기업회생절차를 예측할 수 있게 하고 회생절차 실무 및 필요자료를 변호사가 대행 작성하게 하는 도구로서 성공하는 7가지 조건 중 제4 조건이다.

☞ 법률대리 계약서 주요 내용

회생합의사건 위임 계약서

1. 위임인 : ㈜ABC (이하 "갑")
   수임인 : 법무법인 가나다 (이하 "을")
2. 계약기간 : 신청부터 회생계획안 인가 및 회생절차 종결까지

3. 변호사 수임료[78]
    - 계약금 10%(법률대리 계약 체결 후 지급)
    - 1차 중도금 20%(회생절차개시신청 접수 후 지급)
    - 2차 중도금 10%(개시결정 후 지급)
    - 3차 중도금 10%(조사보고서 확정 후 지급)
    - 4차 중도금 20%(회생계획안 확정 후 지급)
    - 5차 중도금 30%(회생계획 인가 시 지급)
    - 6차 성공보수 10%(회생절차종결 시 성공 보수)
4. 자문 및 위임업무 범위 : ① 기업회생절차 회생합의사건 법률대리, ② "갑"의 법원 출석 시 "을"의 동반 출석(심사, 개시결정, 심리·결의 관계인집회 등 법원 출석), ③ 조사확정재판 등 회생합의사건의 법률자문(소송 대리는 별도 계약), ④ 기업회생절차 관련 법률자문(채무자회생법, 규칙, 준칙, 시행령, 예규, 부동산 등의 등기사무처리지침, 관리위원직무편람 등에 관한 자문, "을"의 서명 날인이 필요한 서면에 의한 자문), ⑤ 회생절차의 결과(심사절차에서의 기각 또는 개시결정 여부, 조사보고서의 청산결론 여부, 회생계획안 인가 여부)에 대한 의견서의 제출(의견서의 제출은 회생절차개시신청의 법원 접수 전에 "갑"에게 제출), ⑥ 기업회생절차에 필요한 자료 작성 대행 및 실무 지원(회생절차개시신청서, 대표자심문조서, 채권목록표, 시·부인표, 회생계획안·요약표·별첨, 허가신청서 등), ⑦ 심사절차의 현장검

---

[78] 분할지급률(%)과 분할지급일정은 협의하는 변호사에 따라 다를 수 있다.

증, 관계인설명회, 관계인집회 등에 대한 현장 업무 지원, ⑧ 인가 후 후속업무 지원(정관변경, 신주발행, 출자전환 등), ⑨회생절차 종결업무 지원

5. 계약해지 및 면책조항

① "갑"의 요청이 있음에도 불구하고 "을"이 자문 및 위임 업무를 수행하지 않거나 "을"의 귀책사유에 의해 회생절차가 폐지되면 "갑"은 "을"에게 이 사실을 통보한 후 즉시 법률대리 계약을 해지할 수 있다. 이때 "을"은 "갑"에게 지급한 수임료의 50%를 반환해야 한다.[79]

② '심사절차에서의 기각 또는 개시결정 여부, 조사보고서의 청산결론 여부, 회생계획 인가 여부'에 대한 "을"의 예측이 실제 진행 결과와 다르게 결정되는 경우 "갑"은 "을"에게 책임을 물을 수 없다. 또한 계약해지 사유에 해당되지 않는다.

☞ 상기 계약서는 기업과 변호사의 사정에 따라 다르게 작성할 수 있다.

---

[79] 수임료 반환 50% 비율은 변호사와의 협의에 따라 다를 수 있다.

05

7-Conditions
for successful rehabilitation

성공조건 ⑤ 　기업회생절차 신청 타이밍(Timing)

"무릎에 사서 어깨에 팔아라" 라는 투자의 격언이 있다. 이는 아무리 좋은 투자도 매각하는 시점(타이밍, Timing)에 따라 성공 또는 실패가 될 수 있다는 것을 말한다. 기업회생절차도 신청 타이밍에 따라 회생성공 또는 실패가 될 수 있다. 신청 타이밍은 회생절차 신청 시점에서 기업이 보유한 현금잔액의 규모에 따라 'Best, Better, Good, Worst' 4단계로 구분한다. Good 이상의 타이밍은 회생절차 진행에 필요한 최소한의 비용을 초과하는 현금잔액을 보유하고 있을 때이므로 신청에 적합한 타이밍이다. 하지만 최소한의 비용 미만의 현금잔액을 보유한 Worst 타이밍은 신청을 하면 안 되는 타이밍이다. 왜냐하면 현금 여유도 없이 신청하면 회생절차 기간 동안 원자재 매입대금, 외주발주대금,

임금 등을 지급하지 못하여 회생절차 진행 중에 도산이 될 수 있기 때문이다.

아래의 '기업회생절차를 위한 최소 비용'은 회생절차의 진행을 위하여 기업이 반드시 부담해야 할 비용이다. 기업회생절차를 신청할 때 최소 비용보다 현금보유액이 크면 클수록 베스트 타이밍에 가깝고 작을수록 최악의 타이밍에 가깝다고 할 수 있다. 이 기준을 최소 비용과 현금보유액의 비율로 계산하여 "최소비용보상현금배율"이라고 한다.[80]

<표 10> 기업회생절차를 위한 최소 비용

최소비용 항목	금 액
1회전 운전자본	₩
변호사 수임료	₩
예납금	₩
감정평가수수료	₩
CRO 급여	₩
보증증권 담보용 현금예금	₩
합계	₩

---

[80] 최소비용보상현금배율은 대출이자 부담이 가능한 영업활동후현금흐름(cashflow)의 비율을 재무분석 이론에서 "이자보상배율"이라고 한 것을 차용한 용어이며, 기업회생절차의 정식 법률용어가 아닌 필자가 명명한 것이다.

(1) 최소비용보상현금배율과 타이밍(Timing)

기업회생절차 신청 시점에서 최소비용보상현금배율이 1.0 미만은 Worst Timing, 2.0 이상은 Good Timing, 2.5 이상은 Better Timing, 3.0 이상은 Best Timing으로 구분한다.[81] 최소비용보상현금배율이 1.0 미만이면 회생절차 신청 후 절차 진행 과정에서 재무적 디폴트가 되거나 운영자금 부족으로 회생절차가 중단될 수 있으므로 기업회생절차를 포기하거나 또는 추가 차입을 통해 현금보유액을 증액한 상태에서 신청해야 한다.

<표 11> 기업회생절차 신청 타이밍별 최소비용보상현금배율

구 분	최소비용보상현금배율
Best Timing	3.0 이상
Better Timing	2.5 이상
Good Timing	2.0 이상
Worst Timing	1.0 미만

$$최소비용보상현금배율 = \frac{현금보유액}{최소비용}$$

---

[81] 최소비용보상현금배율에 따른 타이밍(Timing)의 구분은 필자의 경험적 기준이다.

(2) 최소 비용의 종류

(2)-1. 1회전 운전자본

회생절차 신청 후에는 외상거래가 불가능하여 현금으로만 거래해야 하기 때문에 1회전 운전자본은 회생절차 신청 전·후로 다르게 계산하여야 한다. 재무·회계학 이론에서 1회전 운전자본은 '(매출액 - 영업이익 - 감가상각비) × 1회전 운전기간'의 공식으로 계산한다. 이때 1회전 운전기간은 '(매출채권 + 재고자산 - 매입채무) ÷ 매출액'으로 계산을 하는데 기업회생절차 신청 후에는 외상매입이 불가능하게 되므로 아래와 같이 매입채무액을 1회전 운전기간 공식에서 배제하여 계산하여야 한다. 아래 사례를 보면 매입채무액을 배제한 회생절차 후의 1회전 운전자본의 규모는 약 83억 원으로서 회생절차 전의 46억 원보다 훨씬 더 커지는 것을 알 수 있다.[82]

<1회전 운전자본>

= (매출액 - 영업이익 - 감가상각비) × 1회전 운전기간

---

[82] 회생절차의 보전처분 결정 후에는 기존의 매입채무는 지급이 동결되고, 보전처분 후 매입의 규모는 회생절차 신청 전보다 적게 지출되며, 매출채권은 계속 수금 입금이 되므로 보전처분 결정 후부터 기업의 현금예금은 일시적으로 급증하게 된다. 따라서 보전처분 결정 후에는 일시적으로 급증하는 현금예금을 최소 비용의 계산에 감안하여야 한다. 회생절차 후에도 외상매입이 가능한 기업은 '회생절차 전' 1회전운전기간 공식으로 운전자본을 계산하면 된다.

<1회전 운전기간>

회생절차 전	$\dfrac{\text{매출채권} + \text{재고자산} - \text{매입채무}}{\text{매출액}}$
회생절차 후	$\dfrac{\text{매출채권} + \text{재고자산}}{\text{매출액}}$

<1회전 운전자본 계산 사례>

- 매출채권 50억 원, 매입채무 40억 원, 재고자산 40억 원일 때의 1회전 운전자본 = (매출액 400억 원 - 영업이익 20억 원 - 감가상각비 10억 원) × 1회전 운전기간

(단위 : 억 원)

회생절차 전	370 ×	$\dfrac{50 + 40 - 40}{400}$	= 46.25
회생절차 후	370 ×	$\dfrac{50 + 40}{400}$	= 83.25

(2)-2. 변호사 수임료

회생합의사건인 기업회생절차는 법률자문 외에 회생절차개시신청서 작성, 대표자심문조서 작성, 조사보고서 분석, 회생계획안 작성 등의 회생실무를 대행하여야 하므로 다른 민사소송사건들에 비해 변호사 수임료가 매우 비싸다. 특히 기업의 총 자산 규모에 비례하여 수임료가 커지며, 기업회생절차가 통상적 방식이 아닌 기업인수합병(M&A)을 결합하면 수임료가 훨씬 더 커질 수 있다. 또는 변호사의 능력과 평판에 따라 수임료의 크기가 달라질 수 있다. 따라서 기업회생절차 변호사 수임

료는 회생절차 상담 전에 시세를 먼저 확인하여 법무법인별로 비교하는 것이 좋다. 수임료 시세는 인터넷에서 검색한 변호사 또는 법무법인 서너 군데에만 문의를 해도 충분히 확인할 수 있다.

(2)-3. 예납금

회생법원은 기업에 대한 재산조사를 조사위원에게 위임을 하고, 조사위원은 재산조사의 결과를 조사보고서로 작성하여 재판부에 보고한다. 재판부는 재산조사 용역을 제공한 회계법인 공인회계사에게 그 대가(代價)로서 기준보수를 책정하여 기업의 부담으로 조사위원에게 지급을 하는데 이것이 예납금이다. 관리위원직무편람에 명시된 예납금은 신청기업의 자산총액에 따라 책정된 기준보수에 파산절차를 대비한 비용을 더하여 결정한다. 조사보고서는 기업규모에 따라 100여 페이지에서 200여 페이지에 이를 정도로 작업 분량이 많고 기업의 규모에 따라 그 분량이 더 늘어날 수 있으므로 법원은 조사위원 용역보수를 채무자 기업의 자산 규모에 비례하여 차등 지급한다. 그리고 회생 신청 기업은 예납금을 대표자 심문기일 1일 또는 2일 전까지 법원에 납부하여야 한다.[83] 예납금 납부 기일에도 불구하고 일시적인 자금 부족으로 법원이 지정한 기한까지 납부할 수 없는 사정이 있는 경우에는 재판부에 신청하여 납부기일을 연장하거나 또는 분할 납부할 수 있다.

---

[83] 채무자는 납부한 예납금에 대하여 조사위원으로부터 매입세금계산서를 교부받아 매입세액을 공제받을 수 있다.

<표 12> 조사위원 보수액 기준표 및 파산 예납금

자산총액	기준보수	부채총액	파산 예납금
		5억원 미만	500만원
		10억원 미만	700만원
		30억원 미만	1,000만원
50억원 미만	1,500만원	50억원 미만	1,200만원
50억원 이상~ 80억원 미만	1,800만원	100억원 미만	1,500만원
80억원 이상~ 120억원 미만	2,700만원	100억 이상	2,000만원 이상
120억원 이상~ 200억원 미만	3,200만원		
200억원 이상~ 300억원 미만	3,900만원		
300억원 이상~ 500억원 미만	4,500만원		
500억원 이상~ 1,000억원 미만	5,000만원		
1,000억원 이상~ 3,000억원 미만	5,700만원		
3,000억원 이상~ 5,000억원 미만	7,700만원		
5,000억원 이상~ 7,000억원 미만	9,200만원		
7,000억원 이상~ 1조원 미만	10,000만원		
1조원 이상~ 2조원 미만	11,000만원		
2조원 이상	12,000만원		
(1조원 당 1,200만원씩 추가)			

(2)-4. 인지대, 송달료

인지대	회생절차 신청 30,000원 + 보전처분 2,000원 + 포괄적 금지명령 2,000원
송달료	40회분 + (채권자수 × 3회분) + (채권자수 + 1) × 1

회분	☞ 1회당 5,200원

(2)-5. 감정평가 수수료

조사위원이 재산조사를 시작하면 신청기업의 추정계속기업가치와 청산가치를 평가하는데, 이때 가치의 평가를 위해 조사하는 재산 중 부동산 및 기계 등 등기자산에 대해서는 공인감정평가사가 평가한 금액으로 조사를 한다. 회생절차 신청일 현재 최근 실시한 감정평가서가 있다면 원용할 수 있어 별도로 감정을 하지 않아도 되지만 감정시점이 1년이상 경과했거나 감정 이후 가격 변동이 많다고 조사위원이 판단하면 다시 감정을 해야 한다. 실무적으로 회생절차가 개시결정되면 법원이 지정한 감정평가사를 재판부에 신청하여 허가를 받아 감정한다. 감정평가 비용은 감정평가 및 감정평가사에 관한 법률 제23조(수수료 등)에 규정된 '감정평가법인 등의 보수에 관한 기준'을 따르되 기준에서 정하고 있는 최대 할인율을 적용한 금액으로 한다.[84] 다만 특허권에 대한 감정평가는 일반 감정평가사가 감정할 수 없으므로 법원이 지정하고 허가한 감정평가사가 변리사·특허법인에게 평가용역을 의뢰하여 평가한다.

---

[84] 국가법령센터(https://www.law.go.kr) > 감정평가 및 감정평가사에 관한 법률 제23조(수수료 등) > 감정평가법인등의 보수에 관한 기준(행정규칙) 제4조(감정평가 수수료) > [별표] 감정평가수수료 체계

(2)-6. CRO(기업구조조정임원) 급여

　기업구조조정임원(Chief of Resturcturing Officer ; CRO)은 투명한 회생절차, 법원의 감독관리, 기업회생절차의 실무 조언 등을 위하여 위촉 형식을 빌어 회생법원이 회생기업에게 파견하는 자이다. 회생절차가 개시결정되면 법원은 복수의 후보자를 면접한 후에 CRO를 결정하고 채무자 기업은 재판부가 결정한 급여 수준으로 CRO와 위촉 계약을 한다.[85] 회생계획 인가 후에는 결격사유가 없다면 거의 대부분　　　CRO를　　　감사로　　　재판부가　　　선임한다.

---

[85] 법원은 회생채권자협의회 중 최대 채권액을 가진 금융채권자로부터 CRO를 복수(2명) 추천받는다.

06
7-Conditions
for successful rehabilitation

성공조건 ⑥   현금예금 · 적금 분산 관리

　기업회생절차 신청 후 약 4-5일 내에 법원이 보전처분을 결정하여 채권자에게 송달하면 대출은행은 즉시 채무자 기업에 대하여 '회생절차가 진행되고 있는 자'의 코드로 신용정보 전산등록을 하고 모든 금융기관은 등록된 신용정보를 공유한다.[86] 신용정보가 전산망에 등록되면 회생기업은 모든 금융기관으로부터 '입출금계좌 지급정지, 마이너스통장 지급정지, 한도대출 인출정지, 법인카드 사용정지, 예대상계, 신용장 발급정지, 보증보험증권 발급정지' 등의 금융거래 규제를 받는다. 따라서 기업회생절차를 신청하면서 금융거래 규제를 미리 대비하

---

[86] 일반신용정보 관리 규약 > 5.공공정보 > 신용회복지원 > 18. 회생절차가 진행되고 있는 자 > 등록코드 1003

지 않으면 심각한 일이 발생할 수 있다. 특히 대출거래 은행으로부터의 입출금계좌의 지급정지는 운영자금 동결로 이어져 회생절차 중단과 함께 파산으로 이어질 수 있다. 따라서 회생절차 신청 전에 자금관리 입출금계좌와 현금예금을 대출거래가 없는 은행계좌로 변경하고 분산하여야 한다.

기업회생절차 신청으로 인한 금융거래 규제는 위와 같은 신용정보에 의한 것 외에 은행의 여신거래기본약관에 규정된 '기한이익상실(Event of default, EOD)'에 의한 규제와 '임의적 규제'가 더 있다. 회생절차개시신청서의 법원 접수일을 기준으로 실행되는 기한이익상실에 의한 규제는 신용정보에 의한 규제보다 4~5일 더 앞서 실행되고,[87] 임의적 규제는 기업회생절차를 검토한다는 사실의 인지만으로도 가장 앞서 실행될 수 있다는 점을 유의하여야 한다.[88] 따라서 인지에 의한 임의적 규제를 받지 않도록 회생절차 신청이나 검토 사실이 외부에 드러나지 않도록 철저하게 보안을 유지하면서 아래와 같은 조치를 취해야 한다.[89]

---

[87] 채무자회생법 제40조(감독행정청에의 통지 등)①주식회사인 채무자에 대하여 회생절차개시의 신청이 있는 때에는 법원은 다음 각호의 자에게 통지하여야 한다. 1. 채무자의 업무를 감독하는 행정청 2. 금융위원회 3. 관할 세무서장

[88] 신용정보 및 기한이익상실에 의한 규제는 법률 및 규정에 의한 규제이지만, 임의적 규제는 규정의 근거가 없는 사실상의 규제로서 회생절차의 신청을 결정한 사실의 인지만으로도 실행될 수 있다. 임의적 규제의 예를 들면 한도대출 인출 비협조, 한도거래 수입신용장 발급 비협조, 보증증권 발급 비협조 등으로서 금융기관이 협조하지 않으면 이용할 수 없는 규제이다.

[89] 쌍용자동차는 현금예금을 분산 관리하지 않은 채 회생절차를 신청하여 회생절

<표 13> 은행 계좌 종류별 분산 조치 방법

분산대상	분산 조치 방법
입출금계좌	대출금이 없는 은행 예금계좌로 변경한다.
수출입계좌	대출금이 없는 은행 예금계좌로 변경한다.
매출대금 수금계좌	매출처에게 통지하여 대출금이 없는 예금계좌로 입금될 수 있도록 문서로 변경 통지하고 변경 수락 여부를 문서로 확인받는다.
마이너스통장 등 한도거래 대출	최대한 인출하여 예금잔액을 미리 확보한다. 하지만 자금이 허락된다면 가능하면 회생절차 신청 직전에는 인출하지 않는 것이 좋다. 채권은행은 회생절차 신청 직전의 인출을 '도덕적 해이(moral hazard)'로 간주하여 기업회생절차에 협조하지 않거나 심지어 방해까지 할 수 있다. 그러나 현금자금이 반드시 필요할 경우에는 도덕적 해이를 의심받지 않을 정도로 현금예금을 인출한 후 상당 기간 경과 후에 회생절차를 신청하는 것이 좋다.
정기예금·적금·방카슈랑스·펀드 등	담보로 제공되지 않은 신탁·예·적금 등이 있을 경우에는 기업회생 신청 전에 해약을 하여 대출금이 없는 은행에 예금을 하거나 별도로 보관한다.
자동이체	월 납부가 반드시 필요한 보험료 등 자동이체 계좌

차 신청 후 유동성의 80%에 해당하는 은행예금 378억이 지급정지되었다.

계좌	는 대출금이 없는 은행계좌로 자동이체를 변경하여 예금계좌의 지급정지로 인한 보험료의 미납 및 보험계약 실효를 당하지 않도록 조치를 하여야 한다.
상계대상 계좌	은행의 예대상계는 회생채권 신고기간까지 가능하므로(채무자회생법률 제144조) 담보로 제공되지 않은 예금이 상계를 당하지 않도록 상기와 같은 사전 조치를 하여야 한다.

㈜MTLK는 상계기한 경과 후 매출대금 수천만 원이 마이너스통장으로 입금되었고, 마이너스통장 특성상 수금된 매출대금은 입금되자마자 자동 예대상계되었다. 채무자회생법에 의하면 상계기한 경과 후의 상계는 취소하여 회사로 환급해야 하지만 은행은 환급을 위해 소송을 요구했다. 회사는 회생계획 인가를 위해 은행의 협조를 받아야 할 처지에서 크지 않은 돈으로 은행과 다툴 수 없었다. 결국 회생절차 종결 후에도 상계금액을 반환받지 못하였다. ㈜GSK의 경우에는 기업회생절차 신청 전에 매출처에게 수금계좌 변경을 통지했다. 하지만 매출처 경리직원은 실수로 지급정지된 기존 계좌로 송금을 하였고 회생기업은 수금대금을 인출할 수 없는 피해를 입었다. 매출처 경리직원의 실수였지만 자신의 채권이 회생채권으로 동결된 매출처는 수금계좌 변경 요청 공문이 접수된 사실이 없다는 이유로 배상

을 거부하였다.

■ 예금의 가압류 및 지급정지의 해제

　회사의 운전자금 예금계좌가 회생절차 신청 전에 이미 (가)압류 및 지급정지가 되었다면 보전처분 결정에도 불구하고 현금예금을 인출할 수 없어 매입대금, 급여, 경비 등의 지출 불능으로 인하여 회사의 경영이 중단되거나 기업회생절차를 계속 진행하지 못할 수 있다. 따라서 개시결정 후에는 채무자회생법을 근거로 (가)압류 및 지급정지를 해제하여야 한다. 필자의 경험에서 볼 때 채무자 기업은 법 조항을 몰라 강제집행 취소를 하지 못하고, 자문 변호사는 채무자 기업이 신청하지 않는 일을 할 이유가 없으므로 예금에 대한 (가)압류 및 지급정지가 유지된 상태에서 회생절차를 진행할 수 있다. 강제집행 및 지급정지가 된 예금이 채무자 기업의 회생절차에 큰 지장이 없다면 문제가 되지 않을 수 있으나 계속 경영에 심각한 차질이 된다면 실행된 강제집행을 반드시 취소하여야 한다. 채무자회생법 제44조(다른 절차의 중지명령 등) 제4항은 "법원은 채무자의 회생을 위하여 필요할 경우 직권으로 강제집행 등의 취소를 명할 수 있다." 라고 규정하고 있다.

제44조(다른 절차의 중지명령 등) ④법원은 채무자의 회생을 위하여 특히 필요하다고 인정하는 때에는 채무자(보전관리인이 선임되어 있는 때에는 보전관리인을 말한다)의 신청에 의하거나 <u>직권으로</u> 중지된 회생채권 또는 회생담보권에 기한 강제집행 등의 <u>취소를 명할 수 있다</u>. 이 경우 법원은 담보를 제공하게 할 수 있다.

07

7-Conditions
for successful rehabilitation

성공조건 ⑦   가지급금 및 체불 임금 정리

    회사의 재무제표에 가지급금이 있을 경우 명확한 근거·증빙을 제시하여 영업활동으로 인한 것임을 소명하지 못하면 대표이사가 기업의 자금을 유용한 것으로 법원이 의심하여 신청 회생절차를 기각할 수 있다. 그러므로 가능하면 회생절차 신청 전에 정리를 하여 회생절차개시 신청서의 재무제표에 가지급금 잔액이 없게 하여야 한다. 가지급금은 회계적 문제이기도 하며 법리적 문제이기도 하므로 잔액의 정리나 소명에는 변호사와 공인회계사 양쪽 모두에게 자문 및 조력을 받는 것이 좋다.

    가지급금 잔액이 소액이거나 매출액 대비 잔액 비중이 경미한 경우에는 재판부가 기각을 하지 않고 개시결정을 할 수도 있다. 재판부가 가지급금 잔액을 기각사유로 지적하지 않지만 대표이사의 문제로 간주한다면 제삼자를 회생기업의 "법률상 관리인 겸 대표이사"로 선임할 수 있다는 점을 유의하여야 한다. 제삼자가 관리인으로 선임되면 기존 경영자(대표이사)는 경영에서 제외될 수 있고, 제삼자가 관리인이 되면 기존 경영자는 상황 및 법원의 판단에 따라 회사를 떠나게 될 수도 있다. 기존 경영자가 경영에서 배제되거나 관리인이 되지 못한 상태에서 개시결정이 되면 회생절차를 취하할 수도 없다는 점에서 가지급금이 있는 회생절차의 신청은 매우 신중하게 결정하여야 한다.[90]

임금 및 퇴직금 체불에 대해 근로자의 고발이 있을 경우 재판부는 이를 도덕적 해이(moral hazard)로 판단하여 회생절차 개시신청을 기각할 수 있다. 따라서 임금체불 문제는 회생절차를 신청하기 전에 정리하여야 한다. 만약 부득이하게 회생절차 신청 시까지 체불이 계속될 것으로 예상되는 경우 대지급금('구' 일반체당금) 제도를 이용하여 회생절차 신청 전에 근로자와 합의를 해야 한다. 그럼에도 불구하고 임금 및 퇴직금 체불이 있고 근로자와 합의도 안 된 상태에서 회생절차를 신청하고자 한다면 제삼자가 "법률상 관리인 겸 대표이사"로 선임될 수 있는 상기 가지급금의 경우와 같이 될 수 있음을 감안하여 회생절차 신청 여부를 결정하여야 한다.

대지급금은 임금채권보장법에 의해 국가가 사업주를 대신하여 체불

---

[90] 채무자회생법 제48조(회생절차개시신청 등의 취하의 제한)

된 급여나 퇴직금을 일정금액 한도로 근로자에게 지급하는 제도로서[91] 지급된 대지급금을 제외한 나머지 체불금액은 공익채권으로 회생계획에 의해 지급되므로 근로자는 체불된 임금 및 퇴직금의 완불을 기대할 수 있고, 근로복지공단은 대신 지급한 대지급금을 공익채권으로 신고하여 회생계획에 의해 변제받을 수 있다. 도산 대지급금에 관한 자세한 사항은 근로복지공단 홈페이지를 참고하면 된다.[92]

☞ **간이대지급금 흐름도**

임금 및 퇴직금 체불 발생
- 대지급금 대상 : 회생절차 신청일 기준 1년 전 및 3년 이내 퇴직한 근로자

↓

기업과 근로자의 합의
- 체불된 임금·퇴직금 중 일부는 대지급금을 이용하고, 나머지

---

[91] 대지급금 담당 정부기관은 근로복지공단이다. 대지급금은 최우선변제대상 체불금액에 대해서만 지급하며, 회생절차의 개시결정이 있으면 대지급금 지급을 신청할 수 있다. 신청은 근로복지공단에 "사업주의 체불 임금 확인서"를 제출하거나 또는 사업주와 합의가 되지 않는다면 "법원의 확정판결문"을 제출하면 된다. 대지급금 제도를 이용할 수 있는 사업자는 해당 근로자의 퇴직일까지 6개월 이상 사업을 한 경우에만 해당된다.

[92] https://www.comwel.or.kr > 근로복지넷 > 임금채권 > 간이대지급금

| 금액은 회생계획에 의한 공익채권으로 지급하기로 기업회생절차 신청 전에 회사와 근로자가 합의한다. |

↓

| 회생절차 개시결정 후 대지급금 신청
- 사업주는 근로자에게 임금·퇴직금 체불확인서를 발급하고, 근로자는 사업장의 해당 지방고용노동청에 체불확인서와 함께 대지급금을 신청한다. |

↓

| 대지급금 지급
- 지방고용노동청은 신청한 대지급금의 지급요건을 확인한 후 근로복지공단에게 지급을 의뢰한다.
- 근로복지공단은 신청 근로자에게 7일 이내 예금계좌로 송금 지급한다. |

↓

| 공익채권에 의한 체불 임금 지급
- 대지급금으로 지급된 금액을 제외한 체불 임금·퇴직금은 '공익채권'으로 회생계획에 따라 근로자에게 지급한다.
- 근로복지공단은 지급한 대지급금을 공익채권으로 신고하고 기업은 회생계획에 의해 대지급금을 근로복지공단에게 변제한다. |

3장. 성공하는 기업회생절차를 위한 제언

1. 판사의 회생절차 업무량을 줄여라!

회생법원 판사의 1인당 업무량은 엄청나게 많기로 악명이 높다고 한다.[93] 회생절차개시신청서의 접수가 합의부 담당 판사에게 배당되면 판사의 업무가 시작되고 회생절차가 폐지되거나 종결되면 끝이 난다. 이때 미종결된 사건과 금년에 접수 배당된 회생사건의 합이 판사 1인이 처리해야 할 1년간의 업무량이다. 따라서 판사의 업무량은 전년도에 종결결정이 많으면 금년으로 이월되는 사건 수가 적어 금년의 업무량이 적어지고, 종결결정이 적으면 이월되는 사건 수가 커져 금년의 업무량이 많아진다. 그러므로 판사의 업무량은 종결결정 숫자에 비례한다. 최

---

[93] 이연갑, "기업회생절차에서 법원의 역할에 대한 입법론적 검토", 충북대학교 법학연구소 법학연구 제28권 제1호(2017.06.30), p.p 361-384

근에는 종결결정이 증가하는 추세이므로 판사 업무량의 부담에 긍정적이지만 매년 계속 증가하고 있는 회생절차개시신청서의 접수와 계속 정체되어 있는 회생법원 판사의 숫자로 볼 때 판사의 업무량은 매년 증가할 수밖에 없는 구조이다. 그럼에도 불구하고 법원은 기업회생절차와 관련된 모든 업무를 감독 및 관리를 하고 있어 판사의 업무량은 구조적으로 줄어들 수 없는 실정이 된 지 오래이다.[94]

제도를 도입한 초기에는 채무자, 채권자 모두 도산제도에 문외한이었으므로 신청부터 종결까지의 모든 업무를 회생법원의 책임하에 관리하고 감독할 필요가 있었다. 하지만 수십 년이 지난 지금은 조사위원, 채권자의 전문가적 역량이 회생법원을 능가하는 수준에 이르러 이제는 법원이 기업회생절차의 모든 것을 총괄하지 않아도 될 환경이 되었다. 예를 들면 판사는 신청 기업회생절차를 심사하여 '회생절차의 악용, 회생 가능성이 없는 회생절차의 신청, 도덕적 해이에 의한 회생절차의 신청' 등을 개시결정 전에 걸러내는데, 조사위원은 개시결정 후에 현미경 재산조사를 통해 회생 가능성이 없는 기업을 걸러낸다. 그리고 채권자 또한 관계인집회에서 회생계획안 부동의를 통해 회생 가능성이 없는 기업을 걸러낸다. 회생절차에 부적격한 기업을 걸러낸다는 점에서 판사의 심사 기능, 조사위원의 재산조사절차, 채권자의 회생계획안 동의 여부는 서로 같은 기능(filtering function)이며 중복 업무이다.

또한 금융채권자(채권자협의회)는 회생계획이 인가되면 자신의 채권

---

[94] 줄지 않는 판사의 업무량은 관리위원에게 위임한 업무량도 포함한 것이다.

을 변제받기 위하여 채무자 기업으로부터 매월 보고를 받으면서 매의 눈으로 관리 감독을 하는데 이는 회생계획 인가결정 이후 판사가 회생절차 기업을 관리 감독하는 업무와 중복된다. 따라서 회생법원 판사의 업무량이 살인적으로 많다는 작금(昨今)의 사정을 감안한다면 중복 업무로 확인된 판사의 심사업무 및 회생계획 인가 후 감독업무는 조사위원과 채권자에게 위임하는 것이 합리적일 것이다. 만약 회생법원에서 판사의 중복 업무를 위임하는 규정을 개정을 한다면 그것은 회생법원 판사의 업무량을 획기적으로 감소시키는 수십 년만의 변화가 될 것이다.

2. 법원(판사)의 업무수행 결과를 평가해라!

민간조직이나 국가조직이나 업무 수행 후에는 그 과정과 결과를 측정하고 평가한다. 그 이유는 첫째, 결과의 측정을 통해 업무수행 능력을 평가할 수 있고, 둘째, 평가 결과를 보상, 승진, 해고 등의 인사 결정에 반영할 수 있고, 셋째, 평가를 통한 승진 등이 개인이나 조직에게 성장과 발전이 되는 동기부여가 되기 때문이다. 마찬가지로 법원은 기업이 신청한 회생절차가 종료되면 관리위원, 관리인, 조사위원, CRO, 감사 등의 업무수행 결과에 대해 '상·중·하'로 평가를 한다.[95] 반

---

[95] 채무자회생 및 파산에 관한 실무준칙 제102호 제4조(절차관계인 업무수행 평가 결과의 통보) 평가는 실무준칙 규정의 업무수행평가표에 따라 재판부가 평가대상자의 업무수행 결과를 상, 중, 하로 평가를 한다.

면에 법원은 정작 자신이 수행한 회생절차의 결과에 대해서는 평가를 하지 않는 것 같다.[96] 하지만 법원은 자신이 소송 지휘한 기업회생절차의 결과를 2002년부터 매년 통계로 집계하고 있으므로 언제든 평가할 수 있는 여건은 되어 있다. 만약 평가를 한다면 기업회생절차 신청 숫자를 기준으로 "기각결정률 및 개시결정률, 조사보고서 결론에 대한 회생절차 계속률 및 청산율, 회생계획안 인가율 및 불인가율, 회생성공률(회생절차 종결률) 및 회생실패율"로 평가할 수 있다. 또는 평가하는 기간에 따라 "연간 회생계획 인가율 및 회생절차 종결률, 채무자회생법 시행 이후 현재까지의 평균 회생계획 인가율 및 회생절차 종결률"로, 평가대상이 되는 지방법원별로 "서울회생법원의 회생계획 인가율 및 회생절차 종결률, 수원지방법원의 회생계획 인가율 및 회생절차 종결률" 등으로 평가를 확대할 수도 있다. 만약 회생법원의 기업회생절차 업무 수행 결과에 대하여 위와 같은 항목으로 평가를 한다면 기업회생절차의 운영과 제도 개선을 효율 지향적으로 변화시키는 사상 최초의 계기가 될 것이다.

---

[96] '평가를 하지 않는 것 같다.'라고 한 것은 대법원, 회생법원, 전국 법원(판사) 전체의 업무 수행 결과에 대하여 평가한 보고서나 관련자료를 찾을 수 없기 때문이다. 서울회생법원 홈페이지에 공개된 기준으로 통계를 활용한 평가 보고서는 2020년의 "법인회생사건 테이터분석작업 결과 및 분석"에서 처음으로 목격된다. 하지만 서울회생법원에 한정된 분석이며, 게다가 분석내용에는 상기 본문에서 언급한 기간별, 법원별 등 기업회생절차의 효율의 크기 및 효율 여부에 대한 평가가 없어 일반적인 통계 분석이라고 할 수 없다. ☞서울회생법원 홈페이지 > 정보 > 사건통계 안내 > 법인회생사건 테이터분석작업 결과 및 분석

3. 회생 가능성 판단은 채권자에게! 회생절차 진행은 회생기관에게!

채무자 기업이 거액의 비용을 들여서까지 기업회생절차를 이용하는 것은 채무의 최소 절반 이상을 탕감받고 나머지 채무를 최대 10년간 무이자 분할상환하는 회생계획으로 재기할 기회를 가질 수 있기 때문이다. 그리고 채권자가 회생계획에 동의하는 것은 기업의 재기를 통해 부분이나마 자신의 채권을 회수할 기대가 있기 때문이다. 하지만 기업회생절차를 신청하는 모든 기업들이 재기의 기회인 회생계획 인가를 받을 수 있는 것은 아니다. 2006년부터 2021년까지 11,325개의 기업이 회생절차를 신청하였으나 신청기업의 19%인 2,135개가 '기타 사유'로, 8%인 927개가 '기각 사유'로, 31%인 3,499개가 '청산결론'으로, 5%인 590개가 '채권자 부동의'로 신청기업의 총 63%가 회생계획 인가를 받지 못하였다.

기업회생절차를 신청할 자격은 법인격 기업에게만 있다. 법인격 기업은 한 사람이 결정하는 개인사업자와 달리 다수의 이사들이 결정하는 합리적인 의사결정 조직체이다. 기업회생절차의 신청은 자신의 미래 계속기업가치를 믿고서 거액의 예납금, 변호사 수임료, 회생기간 동안의 운전자금 등 거액의 현금 지출 부담, 시장에서의 신용 외상거래 완전 중지, 신용정보에 의한 금융거래 규제 등 재앙적 위험을 무릅쓰고 회생절차라는 단 한판의 승부에 기업의 운명을 거는 것을 다수의 이사로 구성된 이사회가 결의한 결정이다. 그럼에도 불구하고 회생절차 신청 기업의 58%는 회생기관(판사 및 조사위원)인 한 사람의 판단에 의해 회생계획을 제출할 기회조차 받지 못한다. 회생기관의 판단은 신청 기업의 생과 사를 가르는 결정이 되므로 기업에게는 저승사자이다. 이 저승사자의 판단이 얼마나 공정한지 타당한지에 대해 다음의 두 사례를 통해 살펴보자!

(주)WJP는 2014년 대전지방법원에 신청한 기업회생절차에서 조사위원 A로부터 청산결정을 받아 회생절차가 폐지되었다. 그리고 2015년 1월 재신청한 서울회생법원의 기업회생절차에서 다른 조사위원 B로부터 청산 결정을 받았다. 그럼에도 불구하고 (주)WJP는 포기하지 않고 2015년 9월 서울회생법원에 다시 기업회생절차를 신청하였다. 조사위원 C는 앞의 A, B와 달리 조사보고서의 결론을 "청산하는 것보다 회생절차를 계속하는 것이 채권자 일반의 이익에 부합한다."라고 결정하였다. 그 후 (주)WJP는 회생계획 인가를 받은 후 2017년 1월 17일 회생절차 종결결정

을 받아 회생에 성공하였다.[97]

쌍용자동차㈜는 2009년 1월 9일 신청한 기업회생절차에서 담당 조사위원으로부터 청산이 아닌 '회생절차 계속' 결정을 받았다. 단, 향후 인력구조조정과 신규차입이 되지 않을 경우에는 계속기업가치가 청산가치보다 하회할 수 있다는 조건을 부여한 조건부 조사 결정이었다. 쌍용자동차에 대한 조사위원의 조건부 결정은 일반적인 기업회생절차에서 볼 수 없는 매우 이례적인 사례이다. 만약 모든 기업들의 회생절차에서 쌍용자동차처럼 계속기업가치를 조건부로 추정한다면 조사위원의 판단에 의한 회생계획 인가 전 회생절차 폐지는 100% 없을 수도 있다.

위의 사례를 통해 알 수 있는 사실은 ㈜WJP의 사례와 같은 조사위원을 만나면 기업이 회생성공 가능한 계속기업가치를 가지고 있음에도 불구하고 신청한 회생절차가 폐지되어야 하고, 쌍용자동차의 사례와 같은 조사위원을 만나면 회생이 가능하지 않는 이론적 추정계속기업가치에도 불구하고 회생절차가 폐지되지 않을 수 있다는 것이다. 즉, 회생기업이 어떤 조사위원을 만나느냐에 따라 기업의 생사(生死)가 결정된다는 것이다. 기업의 생사를 결정하는 조사위원은 회생절차의 결과로 인한 이익 또는 손해가 발생될 수 없는 제삼자이다. 제삼자가 직접 당사자인 채무자 기업에게 회생계획안을 제출할 기회를 주지 못하게 하는 것은 채용 당사자도 아닌 리쿠르트사가 채용 지원자를 미리 잘라내는 것과 같다. 따라서 면접에서의 탈락 여부를 리쿠르트사가 아닌 채

---

[97] 양인정 기자, 이코노믹 신문 기사 요약(2017. 1. 23)

용자가 결정하는 것이 당연한 것처럼 기업회생절차에서의 탈락 여부는 제삼자인 조사위원보다 회생채권의 당사자인 채권자가 결정하는 것이 더 합리적일 것이다.

과거와 달리 지금은 회생절차 신청 기업들의 회생 가능성에 대한 판단을 두 회생기관(판사, 조사위원)이 아닌 금융채권자가 해도 될 환경이 되었다.[98] 왜냐하면 국내 금융채권자들은 모든 면에서 세계적 수준(Global Bank)이기 때문이다. 그러므로 판사는 심판자의 역할보다 관련 법과 원칙대로 회생절차가 잘 진행될 수 있게 하는 진행자의 역할만 해도 되며, 조사위원은 채무자 기업이 제출한 추정사업계획을 검토하여 터무니없는 추정이 아니라면 기업이 제출한 추정계속기업가치를 조사보고서에 그대로 반영하면 된다. 이와 같이 판사는 심판자가 아닌 '진행자'가 되고 조사위원은 판단하는 조사가 아닌 '확인하는 조사'를 한다면 회생절차 신청 기업의 90% 이상은 회생계획안을 제출할 수 있을 것이다.[99] 그리고 그 결과는 회생성공률(회생절차 종결률)의 획기적 증가로 이어져 기업회생절차를 회생보다 무덤이 아닌 실패절차가 아닌

---

[98] 채무자 기업의 회생채권자 목록 중에 금융채권자가 없을 수 있다. 이럴 경우에는 채무자 기업의 회생 가능성에 대한 일반 채권자들의 판단을 도와줄 법원의 제도적 장치나 참고 자료가 필요할 것이다. 예를 들면 '회생 가능성 판단에 필요한 회생계획안 핵심 내용' '회생계획안의 회생성공과 실패 사례' 등이다. 이와 같은 사례는 소규모의 기업이 신청한 회생절차에서 아주 아주 드물게 발생할 수 있을 것으로 추정되므로 실제 회생절차에서는 큰 문제가 되지 않을 것이라 생각한다.

[99] 2006년~2021년 신청기업 11,325개 중 42%인 4,764개가 회생계획안을 제출하였다.

진정한 회생절차가 되게 할 것이라고 생각한다. 이 같은 기대를 위하여 "회생 가능성의 판단은 채권자에게!, 회생절차의 진행은 회생기관에게!"가 되기를 제언한다.

4. 프랑스 기업회생 제도

　프랑스 기업회생절차에서 채권자는 관리인이 제시한 "채무감액 회생계획"과 채무감액 없는 "채무변제유예 회생계획" 둘 중 하나만을 선택할 수 있을 뿐 아무런 결정 권한이 없다. 만약 제시한 회생계획을 채권자가 반대하면 관리인은 직권으로 그를 채권자 목록에서 제거할 수 있다.[100] 이와 같이 프랑스 기업회생절차는 채권자에게 권한도 없고 방어할 권리가 없는 등 선택의 여지가 없다는 점에서 채무자 회생우선주의라고 하며 연구자들은 이를 극단적 회생우선주의라고 한다.[101] 반

---

[100] 채권자 목록에서 제거된다는 것은 채권자의 권리가 상실되는 것이며 채권 회수의 기회가 강제 박탈되는 것이다.

[101] 이진국, "기업회생제도에 관한 연구", 조선대학교 경영대학원 석사 과정 (2013.02)

면에 우리나라 기업회생절차는 프랑스와 같은 회생우선주의임에도 불구하고 프랑스와 달리 채권자에게 선택의 권리가 있다. 즉, 회생계획인가에는 채권자의 법정동의율 이상 동의가 있어야 하며 동의하지 않으면 회생절차가 폐지되므로 채권자에게 결정 권리가 있다. 채무자 회생우선주의라는 법률적 배경이 서로 같음에도 불구하고 우리나라 회생법원은 채무자의 회생을 위한 조치에 소극적이며 프랑스 회생법원은 매우 적극적이다. 이런 점에서 프랑스의 극단적 회생우선주의는 우리나라 기업회생절차에 도입이 필요하다고 생각한다.

<표 14> 프랑스 기업회생절차 요약[102]

관련 법	Loi n° 85-98 relative au redressement et à la liquidation judiciaires des entreprises(기업의 사법적 회생 및 청산에 관한 법률), 1985년 1월 25일 제정
목적	법률 제1조 "회생절차의 목적은 '기업의 보호, 영업활동 및 고용관계의 유지, 채무의 변제'에 있다"
법원 법관	128개의 회생법원이 있고, 무보수 명예직인 회생법관은 직업 재판관이 아닌 상공회의소 소속 경영인 중에서 상공회의소 단위로 선출한다. 선출된 회생법관은 사법관학교에서 별도 연수교육을 받아야 한다.
개시 결정	기업회생절차는 개시결정을 원칙으로 한다. 개시결정 후에는 회생법관, 관리인, 채권자 대표, 근로자 대표

---

[102] 최성근, "프랑스의 도산법", 한국법제연구원(1998.12)

	를 선임한다. 기업회생 전문가를 관리인으로 선임하고, 선임된 관리인은 회생법관에게 회생절차를 보고하고 진행하는 역할을 한다.
관찰 절차	개시결정 후에는 통상 6개월의 '관찰절차'가 진행되며, 법원은 최대 18개월까지 연장할 수 있다.[103] 관찰절차 기간 동안 회생법원은 기업 및 관리인으로부터 재무상태의 개선책과 정기적 보고를 받는다. 채무자 기업이 보고 의무에 응하지 않을 경우 법원은 직권으로 '청산절차'를 개시한다.
회생 계획 제출	관리인은 채무자 기업을 조사하고 회생 가능성 여부를 판단하여 회생계획을 작성한다. 회생계획의 유형은 1) 기업의 계속계획, 2) 기업의 전부양도계획, 3) 기업의 일부양도계획 3가지이다. 기업의 계속계획은 '채무감액 회생계획' 또는 채무감액 없는 최소 5년에서 최대 15년까지의 '채무변제 유예 회생계획' 두 가지이다.
인가 청산	법원은 관찰 기간 내에 회생계획을 인가하거나 청산절차의 개시를 결정한다.

---

[103] 프랑스 회생절차의 관찰절차 기간은 우리나라의 회생절차 신청부터 회생계획안 인가결정까지 진행되는 기간적 개념과 유사하다.

4장. 기업회생과 워크아웃 비교

1. 기업회생이냐? 워크아웃이냐?

도산의 위기에서 파산을 피하거나 재기의 목적으로 기업이 취할 수 있는 수단은 기업회생절차 또는 금융채권자협의회에 의한 공동관리절차(이하 "워크아웃") 두 가지가 있다.[104] 도산의 위기에서 법률이라는 강제력으로 재기할 기회를 준다는 점에서 둘 다 목적은 같지만 도산절차의 선택은 공시대상 집단기업과 그 외 규모의 기업, 보증증권이 반드시 필요한 입찰업종과 그 외의 업종, 도산절차 실행 후 대주주 지분

---

[104] 기업구조조정촉진법에 의한 "금융채권자협의회에 의한 공동관리절차"를 속칭 워크아웃(Workout, 기업개선작업)이라 부르며, 과거의 회사정리절차나 현재의 기업회생절차를 법정관리라고 한다.

율 계속 유지가 반드시 필요한 기업과 그 외의 기업 등 기업의 특성에 따라 기업회생 또는 워크아웃 중 선택을 다르게 하여야 한다. 하지만 모든 기업이 그러하듯 도산절차를 신청 검토할 때는 모두가 처음이므로 어떤 선택을 하여야 할지 정확한 지식이나 정보가 없어 잘못된 선택을 하는 경우가 많다.

1) 기업규모에 의한 선택

워크아웃 또는 기업회생절차 중 기업 규모에 의한 선택 기준은 기업과 금융채권자를 비교한 협상교섭력의 크기이다. 협상교섭력의 크기를 비교하면 금융채권자가 모든 규모의 기업에 비해 월등하게 크다. 하지만 공시대상 기업집단(이하 '기업집단')에게는 금융채권자 자신의 협상력을 일방적으로 사용하기 어렵다. 왜냐하면 기업집단의 금융권 대출금액은 엄청난 거액이므로 대출의 규모만큼 거액의 손실로 확정되는 것을 금융채권자가 원하지 않기 때문이다. 또한 기업집단의 도산이 중소협력기업들의 연쇄도산 및 종업원들의 대량 실직으로 이어지는 사회적 이슈가 되어 금융당국의 관심사항이 되기도 하기 때문이다. 그러므로 기업집단이 신청한 워크아웃의 경우에는 금융채권자에 의한 일방적 조정이 아닌 기업집단과의 상호 간 협상에 의한 조정이 될 가능성이

크다. 하지만 기업집단 미만 규모의 중견·중소기업이 워크아웃을 신청할 경우에는 비교되지 않을 정도로 월등한 협상교섭력의 차이로 인하여 상호 간 협상이 아닌 일방적 협상이 되어 금융채권자의 본능적 관심인 신속한 채권 회수에 무게가 실린 방향으로 재무조정될 가능성이 크다. 따라서 공시대상 기업집단 미만인 경우에는 워크아웃보다 기업회생절차가 더 적합하다고 할 수 있다.

<표 15> 기업규모에 의한 선택

	기업회생	워크아웃
공시대상 기업집단	적합	적합
중견·중소기업	적합	부적합

2) 보증증권이 반드시 필요한 경우의 선택

기업회생절차는 신용정보 등록으로 인하여, 워크아웃은 부실기업 지정으로 인하여 두 가지의 경우 모두 보증증권 발급이 불가능하다.[105] 만약 기업회생절차 또는 워크아웃 신청 후에 반드시 보증증권이 필요

---

[105] 신용정보 등록 대상이 아니라는 이유로 '워크아웃은 보증증권 발급이 가능하다' 라는 잘못된 판단을 하는 경우가 있다.

하다면 발급액의 100%에 해당하는 현금을 담보로 제공해야 보증증권 발급이 가능하다. 따라서 매출의 대부분이 보증증권이 필요한 업종의 경우에는 담보용 현금이 없다면 기업회생이든 워크아웃이든 모두 도산절차가 불가능하다. 단, 재벌대기업과 공시대상 기업집단 규모의 경우에는 담보용 현금이 없을 때 아래와 같은 방법을 생각해 볼 수 있다.

- 공시대상 기업집단, 주채권은행, 서울보증보험 또는 공제조합 등 세 당자자가 채무자 기업에게 보증증권 발급을 계속 지원한다는 양해각서를 워크아웃 신청 전에 체결한다.

- 워크아웃절차가 개시결정되면 보증증권의 계속 발급을 포함시킨 기업개선계획을 금융채권자협의회가 결의한다.

- 결의 후에는 보증증권 계속 발급이 가능한 워크아웃절차가 진행된다.[106]

상기와 같은 방법은 재벌대기업과 공시대상 기업집단 정도는 되어야 가능하며 그 외 미만 규모의 기업은 금융채권자에 비해 협상교섭력이 일방적으로 불리하여 거의 불가능하다.

---

[106] 워크아웃 신청 → 14일 후 개시결정 → 기업 실사 → 주채권 은행의 기업개선계획 작성 → 기업개선계획의 금융채권자협의회 상정 및 결의 → 기업개선계획 체결 (워크아웃 신청 후 빨라야 2 ~ 3주 경과 후 기업개선계획 체결이 가능하다.)

<표 16> 보증증권이 필요한 업종의 선택

구분 현금담보	기업회생	워크아웃
현금 100% 있음	모든 기업 적합	모든 기업 적합
현금 없음	모든 기업 부적합	기업집단 규모의 경우에만 적합할 수 있다.

2. 워크아웃은 화려한 독버섯일 가능성이 크다.

워크아웃은 기업회생절차처럼 신용정보의 이용 및 보호에 관한 법률에 의한 금융규제 대상이 아니다. 따라서 워크아웃 기업은 외형으로는 정상기업이므로 기업회생절차에 비해 유리한 것처럼 보인다. 하지만 워크아웃은 다음과 같은 금융채권자를 위한 방어장치로 인하여 기업회생절차보다 유리하다고 할 수 없다.

- 신용정보 등록 대상은 아니지만 워크아웃 신청 기업은 주채권은행으로부터 부실징후기업으로 지정되므로 신규 대출 회피, 기존 대출의 회수관리, 서울보증보험 및 공제조합의 보증증권 추가 발급중지 등 사실상의 금융거래 규제를 받는다.
- 워크아웃은 개시결정 조건으로 대주주의 '경영권포기각서,

주식포기각서'를 주채권은행에게 제출하여야 하므로 주식지분 및 경영권 유지에 대해서 기업회생절차보다 유리하다 할 수 없다.

- 절차의 개시는 워크아웃이 기업회생절차보다 더 어렵고 까다롭다. 왜냐하면 기업회생절차는 법원에 제출된 회생절차 개시신청서와 대표자심문 및 현장검증에서 기각사유만 없다면 회생절차가 개시결정되지만, 워크아웃의 개시결정에는 주채권은행에 제출된 기업개선계획에 대하여 총채권액의 3/4 이상 채권은행 동의가 필요하기 때문이다. 이해관계가 서로 다른 채권은행들의 3/4 합의를 이끌어 내기란 쉽지 않으므로 절차의 개시면에서는 기업회생절차보다 유리하다 할 수 없고 오히려 더 불리하다고 할 수 있다.

- 기업회생절차의 재무조정은 총채무의 약 절반 이상을 출자전환 방식으로 채무를 탕감하고 나머지 채무는 무이자 분할상환으로 최대 10년간 변제 이행을 완료하면 되는데, 워크아웃은 3년 이내에 기업개선계획을 이행 완료해야 하며 게다가 상거래채무를 제외한 금융채무만을 조정하므로 재무조정면에서 워크아웃이 기업회생절차보다 유리하다 할 수 없다.

- 기업회생절차는 조사보고서의 범위 내에서 기업이 수도하여 회생계획을 작성하는데 비하여, 워크아웃은 주채권은행이 주도하여 기업개선계획을 작성하므로 채권은행 위주의 기업개선계획이 될 가능성이 커 기업회생절차보다 유리하지 않

다.

- 워크아웃이 기업구조조정촉진법이라는 법률에 근거하고 있음에도 불구하고 개시결정, 기업개선계획, 재무조정, 금융채권자협의회의 결의 등 모든 과정이 금융채권자에 의해 결정되고 좌우되므로 금융채권자 중심으로 결정될 가능성이 높다는 점에서 기업회생절차보다 유리하다 할 수 없다.

결론은 워크아웃이 기업회생절차보다 결코 유리하다 할 수 없다. 따라서 화려한 겉만 보고 선택한 워크아웃은 재벌대기업 공시대상 기업집단외의 중소·중견기업들에게는 오히려 독버섯이 될 가능성이 더욱 크다.

워크아웃을 졸업하면 절차의 조건으로 제출한 경영권 및 주식지분권은 정상으로 회복된다. 따라서 경영권 및 주식지분을 절대 포기할 수 없는 경우에는 워크아웃이 유일한 방법일 수 있다.

<표 17> 주식지분 및 경영권 유지에 의한 선택

	기업회생	워크아웃
공시대상 기업집단	불가	적합
중견·중소기업	불가	부적합

<표 18> 일반신용정보 관리 규약

등록사유	등록코드
5. 공공정보 > 신용회복지원 18. 회생절차가 진행되고 있는 자「채무자회생및파산에관한법률」에 따른 보전처분명령이 있는 때를 등록사유 발생일로 본다.	1003

해제사유	해제코드
다음 각 호의 어느 하나에 해당하는 경우 해제등록을 한다. 　1. 회생절차가 종결된 경우 　2. 회생조건 이행이 완료된 경우(법원의 보고의무 면제를 포함한다) 　3. 등록사유 발생일로부터 5년이 경과한 경우	77
신용정보규약 제9조 　회생계획 인가결정이 있으면 연체정보, 수표어음 부도정보를 해제한다.	12

<표 19> 기업회생절차 & 워크아웃절차 비교

기업회생절차	금융채권자협의회에 의한 공동관리절차(워크아웃)
채무자회생 및 파산에 관한 법률·시행령·규칙·실무준칙·예규· 부동산 등기 등의 사무처리지침, 관리위원직무편람	기업구조조정촉진법·시행령, 채권금융기관의 기업구조조정업무 운영협약, 채권은행의 기업신용위험 상시평가 운영협약, 채권은행협의회운영협약, 기업구조조정 촉진을 위한 금융기관 감독규정, 기업구조조정촉진협약
서울회생법원 등 전국 14개 지방법원	금융채권자 조정위원회
모든 규모의 기업에게 적합할 수 있다.	재벌규모·공시대상 기업집단은 적합할 수 있지만 중소·중견기업에게는 적합하지 않다.
법인격을 가진 기업만이 신청할 수 있다.	법인격 기업, 개인기업 모두 신청할 수 있다.[107]

---

[107] 부실징후기업으로 지정을 한 후에 주거래은행이 워크아웃을 신청하기도 한다.

변제기가 도래한 채무를 변제할 수 없는 경우에 신청한다. 또는 변제기가 도래하지 않았으나 향후 변제할 수 없다고 염려가 되는 경우에도 신청할 수 있다.	채권은행의 기업신용위험상시평가 운영협약에 의한 신용위험평가에서 제14조 평가기업 분류상 "부실징후기업에 해당하며 경영정상화 가능성이 높은 기업"에 해당하는 경우 부실징후기업으로 지정된 기업 또는 주채권은행이 신청할 수 있다.
임금 및 퇴직금, 조세 등 공익채권을 제외한 금융채무, 상거래채무 등 모든 채무가 재무조정 대상이다.	금융채무만이 재무조정 대상이다.
신청 후 약 4일 되는 날에 법원은 채무자의 재산이 흩어지지 않도록 보전처분, 중지, 포괄적 금지 등을 명령한다.	주채권은행은 제1차 금융채권자협의회 일까지 다른 채권은행에게 금융채권 권리행사 유예를 요구할 수 있다. 유예의 요구가 법적인 구속력은 없으나 워크아웃 개시결정 후에는 행사한 권리행위를 원상 회복하여야 하므로 주채권은행의 유예 요구를 거부하기가 쉽지 않다. 유예기간은 개시일로부터 1개월(실사가 필요한

	경우 3개월) 범위내이며 1회에 한하여 협의회 의결로 1개월 연장할 수 있다.
법원은 기업회생절차 신청의 접수 사실을 즉시 금융위원회 등 관계기관에게 통보한다. 통보받은 금융채권자는 여신거래기본약관의 기한이익상실(EOD)에 근거한 금융거래 제한 조치를 한다. 기업회생절차 신청 4-5일 후에 결정되는 보전처분명령문이 대출거래은행에게 송달되면 은행은 '기업회생절차 진행 중인 기업 신용정보' 코드를 즉시 전산 등록한다. 이때부터 추가대출 금지, 보증증권 발급 중지, 법인신용카드 중지, 예대상계, 입출금예금계좌 지급정지, 수입신용장거래 중지 등 금융거래 제한 조치가 시작된다.	주채권은행이 부실징후기업으로 지정을 하면 추가대출 회피, 한도대출 인출 제한, 수입신용장 발급 제한, 보증증권 발급 제한 등 사실상의 금융거래가 제한된다. 단, 공동관리절차 결의 후에는 기업개선계획의 이행을 위한 약정의 범위 내에서 정상 금융거래가 가능하다.

신청일로부터 1월 이내에 법원이 회생절차의 개시 여부를 결정한다. 개시결정과 동시에 조사위원의 재산조사절차부터 회생계획 인가절차까지 진행할 모든 절차들의 일정이 정해진다.	신청일로부터 14일 이내에 주채권은행이 소집한 제1차 금융채권자협의회에서 금융채권자의 총신용공여액의 3/4 이상 찬성으로 개시 여부를 결정한다.
개시결정 후에 채권자 등 이해관계인에게 채무자의 기업회생절차 전반에 관해 보고하는 관계인설명회를 개최한다.	
개시결정이 되면 법원이 지정한 조사위원이 채무자 기업의 재산조사를 통해 실사한다.	개시결정이 되면 금융채권자협의회와 기업이 협의하여 선임한 회계법인을 통해 실사한다.
회생계획을 채무자인 기업이 주도적으로 작성하여 재판부에 제출하고 심리·결의를 위한 관계인집회에 상정한다.	기업이 제출한 자구계획과 은행채권단의 요구조건을 조율하여 주채권은행이 주도적으로 기업개선계획을 작성하고 결의를 위한 금융채권자협의회에 제출 및 상정한다.
회생계획은 모든 회생채권자조의 법정동의율 이상을 동의받아	기업개선계획은 금융채권자협의회에서 찬성한 금융채권자의 채

야 인가를 받을 수 있다. 법정 동의율은 동의한 회생담보권자의 채권액의 합이 3/4 이상, 회생채권자의 합이 2/3 이상, 주주·지분권자의 합이 1/2 이상 등이다.

권액의 합이 3/4 이상일 때 의결된다. 단, 단일 금융채권자의 채권액이 3/4 이상이면 2/5의 찬성으로 의결한다.

기업개선계획을 협의회가 의결한 날부터 1개월 이내에 '기업개선계획의 이행을 위한 약정'을 체결해야 한다.(약정 미체결시에는 공동관리절차를 중단한다) 실무적으로 기업은 약정 체결과 함께 채권단에게 다음 3가지 자료를 제출해야 한다.

① 경영권포기각서(대주주로부터 일정한 상황이 발생할 경우를 대비한)

② 주식담보, 주식처분위임장 및 주식포기각서(주식담보용, 무상감자 등을 위한)

③ 주주총회 의결권행사 위임장 (자금관리인을 기업에 파견하기 위한)

회생계획 인가에 의한 재무조정은 통상 채무의 절반 이상을 출자전환 방법으로 탕감하고, 나머지는 10년 이내의 기간 내에 무이자로 분할 상환한다.	재무조정은 상환기일 연장 및 원리금 감면 등이 있으나 금융채권자협의회의 결의에 따라 달라진다.
채무자 기업에 대한 재무조정은 보증인의 보증채무에 효력이 없다.(단, 신용보증기금, 기술보증기금, 서울보증보험, 중소기업진흥공단의 보증채무에는 효력이 있다)	채무자 기업에 대한 재무조정은 보증인의 보증채무에 동일한 효력이 있다.
회생계획이 인가되면 통상 대주주 지분의 99%를 소각한다. 회생절차를 졸업하여도 소각된 지분은 회복되지 않는다.	대주주 지분에 대한 소각 규정은 없으나 경영권포기각서 및 주식처분위임장의 제출로써 사실상 제한받는다. 단, 워크아웃절차 졸업 후에는 경영권 및 주식 지분에 대한 제한이 정상 회복된다.
회생절차 기간 동안 제3자가 관리인이 되거나 또는 기존의 대표이사가 관리인을 겸할 수 있	워크아웃 기간 동안 기존의 대표이사가 계속 경영을 한다.

다.(DIP제도)[108]	
회생절차 개시결정 후에는 기업의 자금지출은 법원의 허가를 받아야 한다.[109] 허가를 받지 않고 지출을 하거나 허가 사항을 어길 시에는 형사처벌, 벌금 등의 조치를 받을 수 있다.	기업의 자금지출은 채권금융기관 협의회에서 파견한 경영관리단(자금관리인)을 통해야 한다.
주주총회, 이사회 권한이 제한된다.	주주총회, 이사회 권한을 제한하지 않는다.
회생계획 인가 후 회생계획에 따라 회생채권의 변제가 시작되면 법원은 회생절차 종결을 결정한다. 종결결정은 회생절차의 졸업이며 법원의 감독·관리에서의 해제이다.	공동관리절차의 종료는 금융채권자협의 의결로 결정한다. 약정 체결 후 3년 경과 시까지 공동관리절차가 종료되지 아니한 경우 주채권은행은 경영평가위원회를 구성하여 기업개선 가능성, 절차의 지속 필요성을 평가하고 결과

---

[108] 회생절차 개시 후에도 여전히 재산을 계속 점유하므로 '점유를 계속하는 채무자(debtor in possession)'라고 한다. 회생법원에서는 '기존 경영자 관리인'이라고 한다.

[109] 기업 자산 규모에 따라 재판부가 달리 정한 금액 이상의 지출에 대하여 허가를 받아야 한다.

	를 협의회에 보고하여야 한다.
회생계획 인가 후에 회생절차가 폐지되어도 회생계획의 수행과 채무자회생법의 규정에 의하여 생긴 효력에 영향을 미치지 아니한다(법제288조4항).	대법원 2007.4.27. 선고 2004다41996 판결 "공동관리절차가 중단되어도 금융채권자들이 동의한 채무조정 등 양보한 권리는 당연히 되살아나지 않는다."

부 록

1. 도산절차의 국가별 변천사

연대	국가	도산법	비고
1000년	고려	파산(11세기)	송도상인, 사개치부법(四介置簿法), 복식부기)
1200년	유럽	파산(13세기)	베니스상인, 복식부기(複式簿記)
1542년	영국	파산법(An act against such persons as do make bankruptcy)	세계 최초의 법제화, 채권자 보호 중심, 채무자 처벌 중심(재산몰수, 투옥)
1600년	조선	파산(17세기)	개성상인, 판셈
1600년	일본	파산(17세기)	에도막부, 분산(分散)
1673년	프랑스	파산(상업법령 Ordonnance de Commerce)	첫 법제화, 채권자와 채무자를 균형되게 처리
1800년	미국	연방도산법(Bankruptcy Act of 1800)	첫 법제화, 5년 일몰법, 영국의 도산법(1723년 참고 제정
1877년	독일	파산법(Kongkursordnung)	첫 법제화, 공정한 배당
1890년	일본	파산(상법)	첫 법제화,

			메이지 유신 후 법제화, 프랑스 상법 계수 제정
1898년	미국	연방도산법(United States Code, Title 11- Bankruptcy)	현재 도산법, 1800년 →1841년 →1867년 →1874년 →1898년 일몰법에서 상시법으로 변화, 청산에서 회생우선주의로 변화
1912년	조선	파산법, 화의법	일제강점기 조선민사령 제1조 11호 파산법, 12호 화의법
1935년	중국	파산법	첫 법제화, 일본 독일 파산법 참조
1942년	이탈리아	파산법(Regio Decreto-Legge 16 marzo)	첫 법제화
1945년	대한민국	파산법, 화의법	조선민사령 차용 의용 도산법
1952년	일본	회사정리법(1958년), 민사재생법(1999년), 국제도산법(2000년)	현재 도산법
1962년	대한민국	화의법, 파산법, 회사정리법	첫 법제화, 일본 회사생생법 번역 차용
1985년	프랑스	기업의 회생 및 파산절차에 관한 법률(Loi n° 85-98 relative au	현재 도산법, 극단적 채무자 회생 우선주의

		redressement et à la liquidation judiciaires des entreprises)	
1986년	영국	통합도산법(Insolvency Act)	현재 도산법, 채권자 중심에서 채무자 구제 중심으로 전환
1994년	독일	통합도산법(Insolvenzordnung)	현재 도산법, 파산절차가 기본절차, 유럽 중 가장 경직된 도산절차(회생계획은 채권자 동의 조건)
2006년	이탈리아	기업 위기 및 파산법(Codice della crisi d'impresa e dell'insolvenza)	현재 도산법
2006년	대한민국	채무자 회생 및 파산에 관한 법률(통합도산법)	현재 도산법
2007년	중국	기업파산법	현재 도산법, 파산절차, 회생절차 등 현대적 도산법
2016년	UAE	통합도산법(화의, 회생, 청산)	현재 도산법, 첫 법제화, 중동에서 가장 개혁적
2018년	사우디	파산법(Bankruptcy Law)	현재 도산법, 첫 법제화
2019년	EU	회생 및 파산 지침(Directive on Restructuring and Insolvency)	EU 회원국의 도산법 개선 지침

2. 기업회생절차 일정표(사례)

NO	회생절차	신청일+days	생존절차	부속절차
1	변호사 법률대리 및 자문 계약	신청일	●	
2	회생절차개시신청서 작성 및 신청	신청일	●	
3	보전처분 신청	+ 1 일		●
4	포괄적금지명령 신청	+ 1 일		●
5	소송위임장 제출	+ 1 일		●
6	담당변호사 지정서 제출	+ 1 일		●
7	회생절차 개시신청 사실 통지	+ 4 일		●
8	예납금 결정 및 납부	+ 4 일	●	
9	보전처분 결정	+ 4 일		●
10	포괄적금지명령 결정	+ 4 일		●
11	포괄적금지명령 송달 공고 갈음 결정	+ 4 일		●
12	포괄적금지명령 통지	+ 4 일		●
13	포괄적금지명령 공고	+ 4 일		●
14	대표자심문 및 현장검증 결정	+ 4 일	●	
15	보전처분 기입등기(등록) 촉탁	+ 5 일		●
16	송달용 채권자 리스트(표) 제출	+ 5 일		●
17	채권자협의회 구성 및 대표 채권자 지정 통지(공문)	+ 5 일		●
18	심문조서(대표자 심문) 제출	+ 11 일	●	
19	조서(현장검증) 제출	+ 11 일	●	
20	관리인 각서 제출	+ 14 일		●
21	회생절차 개시결정	+ 14 일		●
22	회생절차 개시결정 공고	+ 14 일		●

NO	회생절차	신청일+days	생존절차	부속절차
23	개시결정의 감독행정청 통지	+ 14 일		●
24	개시결정의 회생채권자 통지	+ 14 일		●
25	개시결정 공고 송달 갈음 결정	+ 14 일		●
26	관계인설명회 개최 결정	+ 14 일		●
27	허가사항에 관한 결정	+ 14 일		●
28	조사위원 선임 및 재산조사 결정	+ 14 일	●	
29	회생채권 변제 허가(신청)	#		●
30	회생채권·회생담보권·주식·지분권 신고 안내	+ 20 일		●
31	퇴직금 지급 허가(신청)	#		●
32	대표이사 급여 반납 허가(신청)	#		●
33	외국인 근로자 체불 임금 보증을 위한 서울보증보험증권 가입 허가(신청)	#		●
34	회생채권 목록제출	+ 28 일		●
35	CRO 위촉 허가(신청)	+ 40 일		●
36	회생채권 신고	+ 42 일		●
37	상계 기한 확인	+ 42 일		●
38	회생채권 목록 제출	+ 56 일		●
39	회생채권 시부인표 작성 및 제출	+ 56 일		●
40	재산조사 결과 재판부 앞 브리핑	+69 일	●	
41	조사보고서 재판부 앞 제출	+ 70 일	●	
42	관계인설명회 개최 허가(신청)	+ 71 일		●
43	1차 조사보고서	+ 70 일	●	
44	회생채권 추완신고	+ 73 일		●
45	회생절차 전담 계약직 채용 허가	#		●
46	시부인표 이의철회 및 정정 허가	+ 82 일		●

NO	회생절차	신청일+days	생존절차	부속절차
47	관계인설명회 개최	+ 84 일		●
48	2차(수정) 조사보고서	+ 93 일	●	
49	외부감사인 선정 계약 체결 허가	#		●
50	회생계획안 제출	+ 96 일	●	
51	5월 월간보고서 제출	+ 97 일		
52	회생계획안의 심리 및 결의를 위한 관계인집회와 추후 보완 신고된 회생채권 등의 조사를 위한 특별기일의 일시 및 장소 결정	+ 102 일		●
53	관계인집회기일 공고	+ 102 일		●
54	관계인집회 기일 송달 공고 갈음 결정	+ 102 일		●
55	관계인집회 기일 통지 및 의견조회	+ 102 일	●	
56	회생계획안에 대한 의견조회(공문)	+ 102 일	●	
57	6월 월간보고서 제출	+ 127 일		●
58	회생채권(조세채권) 조기 변제(인가 전) 허가(신청)	#		●
59	한시적 시간외근무수당 지급 허가(신청)	#		●
60	회생계획안 수정	+ 147 일	●	
61	7월 월간보고서 제출	+ 152 일		●
62	관계인집회와 특별조사기일 일시 및 장소 변경 결정	+ 179 일		●
63	기일 변경 감독행정청 통지	+ 179 일		●
64	기일 변경 채권자 등 통지	+ 179 일		●
65	관계인집회기일 변경 공고	+ 179 일		●
66	심리 · 결의 기한 연장 결정	+ 179 일		●
67	특별조사기일	+ 181 일		●

NO	회생절차	신청일+days	생존절차	부속절차
68	○○사업부 매각 허가(신청)	#		●
69	조사확정재판	#		●
70	수계의 소	#		●
71	기업결합신고	#		●
72	회생계획안 수정(3차)	+ 224 일	●	
73	심리·결의를 위한 관계인집회	+ 228 일	●	
74	관계인집회 예상 Q&A	+ 228 일	●	
75	관계인집회 진행 시나리오	+ 228 일	●	
76	회생계획안의 심리 및 결의를 위한 관계인기일 조서	+ 230 일		●
77	회생계획안 인가결정	+ 230 일		●
78	회생계획안 인가 통지	+ 230 일		●
79	조사위원 보수 결정	+ 230 일		●
80	등기촉탁	+ 231 일		●
81	조사위원 보수청구(공문)	+ 231 일		●
82	회생계획 인가결정 공고	+ 231 일		●
83	정관 변경 허가(신청)	+ 243 일		●
84	감사 선임 결정	+ 242 일		●
85	10월 월간보고서	#		●
86	주주의 권리변경 및 신주 발행 허가(신청)	+ 243 일		●
87	주주총회 개최 및 임원의 선임 허가(신청)	+ 246 일		●
88	회생채권 조기변제 허가(신청)	#		●
89	11월 월간보고서 제출	#		●
90	회생담보권 근저당 말소 촉탁 의견 조회 공문	+ 286 일		●
91	회생담보권 근저당 말소 촉탁 허가(신청)	+ 303 일		●

NO	회생절차	신청일+days	생존절차	부속절차
92	12월 월간보고서 제출	#		●
93	조사확정재판 응소 허가(신청)	#		●
94	관리위원회 회의록	#		●
95	회생절차 종결신청 및 종결결정	+ 455 일	●	
96	회생절차 종결통지	+ 455 일		●

참고문헌

김관기, "회생절차에서 계속기업가치의 기능과 의미", 회생법학 제18호(2019.06), pp.31 ~ 58

김승호·이진우, "기업 회생 및 파산의 개요와 세무상 문제", 국세청 세법해설 2(2017.04), pp.53 ~ 59

김장훈, "도산법의 몇 가지 현안과 최근 동향 - 기업회생사건의 최근 실무상 쟁점을 중심으로", 한국법학원(2015.02), pp.445 ~ 476

김재형, "IMF에 의한 구제금융 이후 민사법의 변화", 서울대학교 법학 제55권 1호(2014.03), pp.3 ~ 57

김주학, "기존 경영자 관리인(DIP) 제도의 개선방안", 경성대학교 논문(2018.03), pp.1 ~ 106

김현민, "JP모건, 모거니제이션 통해 미국철도 지배하다", Atalsnews(2020.07), pp.1 ~ 8

나종선, "워크아웃 성공률, 예전만 못한 이유는", 마켓인사이드(2020.05), pp. 1 ~ 5

문우식, "기업회생관점에서 본 EU국가의 파산제도 비교", 서울대 국제지역원(1998), pp.83 ~ 103

박승두, "기업회생법의 역사·현황·전망", 청주대학교 논문

(2014.01), pp.219 ~ 250

박평식, "한국 근현대 화폐사 연구의 성과와 과제", 한국은행 용역과제 최종보고서(2019.09), pp.1 ~ 79

백홍기 · 배성민, "도산사건의 실증적 연구와 법원의 역할, Ⅱ. 통합도산법 제정과 선진 외국의 사례", 사법정책연구원(2021)

신수연, "기업회생절차의 성공률 제고를 위한 소요기간 단축방안", (사)한국채무자회생법학회 제7·8호(2013.11) pp.94 ~ 131

안청헌, "회생기업 담당기관의 역할 제고 방안", 회생법학 제18호(2019.06), pp.59 ~ 102

양석원, "기업회생을 위한 회사정리절차(법정관리)와 그 문제점", 제주대학교 법과 정책연구소 법과 정책 제4호(1998.08), pp.41 ~ 68

오용식, "이자제한법제에 관한 입법평가 - 이자제한법을 중심으로", 한국법제연구원(2008.09), pp. 1 ~ 139

윤남근, "도산절차에 있어서 재산 및 기업가치의 평가", 고려대학교 법학연구원 고려법학 제56호(2010.03), pp.613 ~ 657

윤효중, "회생기업의 회생절차 단계별 회생 성공요인 실증 연구", 부경대학교대학원 박사논문(2021.08), pp.1 ~ 103

이병호 · 김문겸 · 김순철, "워크아웃 중소기업의 성공과 실패 요인", Asia Pacific Journal of Small Business 중소기업연구 제42권 제2호(2020.06), pp.23 ~ 42

이성주, "조선에도 파산제도가 있었다?", 한국재정정보원(2019.05 4월호), pp.1 ~ 3

이원삼, "회생절차에서 기업가치산정방법에 관한 고찰", 충북대학교 한국경영법률학회(2019.10), pp.446 ~ 469

이진국, "기업회생제도에 관한 연구", 조선대학교 경영대학원 석사과정(2013.02), pp.1 ~ 83

임치룡, "회생절차의 현황과 개선방향", 국가미래연구원(2015.05), pp.1 ~ 20

장원규, "일본의 도산 관련 법제 및 절차의 비교", 한국법제연구원, pp.1 ~ 15

정영진·김정애, "중국 기업파산법의 제정 배경 및 내용 연구", pp.1 ~ 20

정재엽, "기업회생 과정에서 협상의 역동성에 영향을 미치는 요인에 관한 연구", 한국정책분석평가학회(2018.06), pp.59 ~ 79

채동헌, "회생절차에서의 M&A - 새로운 회생실무준칙 제11호의 내용을 중심으로", 한국상장회사협의회(2010. 4월호), pp.53 ~ 64

최병조, "로마법상의 상계", 서울대학교 법학 제43권 제1호, pp.216 ~ 271

최성근, "프랑스의 도산법", 한국법제연구원(1998.12), pp.1 ~ 142

최영준, "기존 경영자 관리인(DIP) 제도의 회생기업 경영성과에 대한 영향", BOK 경제연구 제2017-34호, pp.1 ~ 67

최우형, "사전계획안 회생절차의 최근 동향", 회생법학 제20호 (2020.06), pp.43 ~ 87

최현경, "우리나라 기업구조조정 제도의 현황과 발전 방안", 산업연구원 산업경제분석(2016.12). pp.75 ~ 83

최효종, "기업회생절차 실무의 현황과 개선방안 - 쌍용자동차 사례를 중심으로", 한국도산법학회 세미나(2011.05), pp.469 ~ 515

한국법령정보원, "일본 회생갱생법 번역", 법제처(2020.12), pp.1 ~ 33

허영란, "해방 이후 식민지 법률의 정리와 탈식민지화", 제2기 한일역사공동연구보고서 제5권, pp. 13 ~ 40

황현영, "2019년 미국 연방파산법 개정의 주요 내용과 시사점", 국회입법조사처(2020.06), pp. 1 ~ 13

<표 20> 개시신청 접수(회사정리절차, 기업회생절차) 2002년 ~ 2021년, 전국 14개 지방법원별 숫자

개시신청 접수(회사정리절차)

법원	02년	03년	04년	05년	합계
서울회생	11	18	15	12	56
의정부	0	0	0	1	1
인천	4	3	4	5	16
수원	3	5	6	12	26
춘천	1	0	1	0	2
대전	1	2	5	5	13
청주	0	0	0	0	0
대구	1	3	0	9	13
부산	1	2	2	1	6
울산	0	0	0	0	0
창원	2	0	1	2	5
광주	4	5	0	3	13
전주	0	0	0	4	4
제주	0	0	0	0	0
합계	28	38	35	55	156

개시신청 접수(기업회생절차)

법원	06년	07년	08년	09년	10년	11년	12년	13년	14년	15년	16년	17년	18년	19년	20년	21년	합계	비율
서울회생	19	29	106	192	150	191	268	296	368	390	404	324	389	343	312	255	4,036	35%
의정부	1	1	13	19	23	30	33	36	29	29	26	37	30	30	24	10	353	3%
인천	2	6	15	37	34	43	55	61	43	27	47	36	45	32	24	13	520	5%
수원	2	7	47	76	102	121	101	125	90	73	94	86	88	155	137	126	1,430	13%
춘천	0	0	1	3	11	9	9	24	11	13	11	8	8	6	6	4	124	1%
대전	0	11	26	34	29	42	45	35	48	58	36	53	69	85	89	71	740	6%
청주	0	5	9	21	21	23	19	17	17	18	27	14	21	21	18	7	257	2%
대구	1	16	36	75	59	58	75	51	55	50	65	76	51	104	61	54	923	8%
부산	1	4	25	50	28	39	33	28	33	34	45	48	51	38	42	29	534	5%
울산	0	0	2	9	13	30	29	23	15	35	21	26	40	36	39	21	371	3%
창원	3	8	20	91	62	61	58	50	64	97	82	71	97	90	76	54	990	9%
광주	4	17	33	38	51	38	55	41	48	54	39	36	51	36	20	39	607	5%
전주	2	10	12	12	18	19	19	35	31	38	50	32	28	24	39	29	398	3%
제주	0	0	1	8	10	8	4	13	21	10	7	10	7	3	5	5	111	1%
합계	76	116	352	669	627	712	803	835	873	925	936	878	980	1,003	892	717	11,394	100%

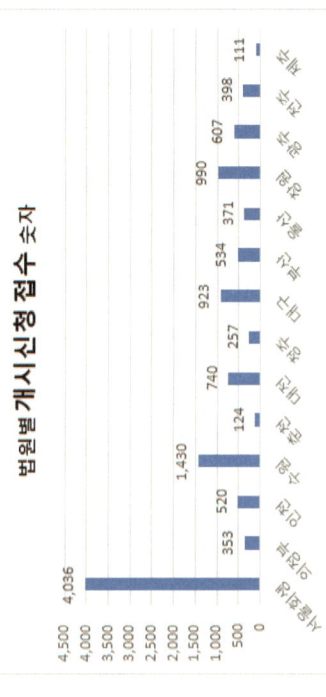

연도별 개시신청 접수 숫자

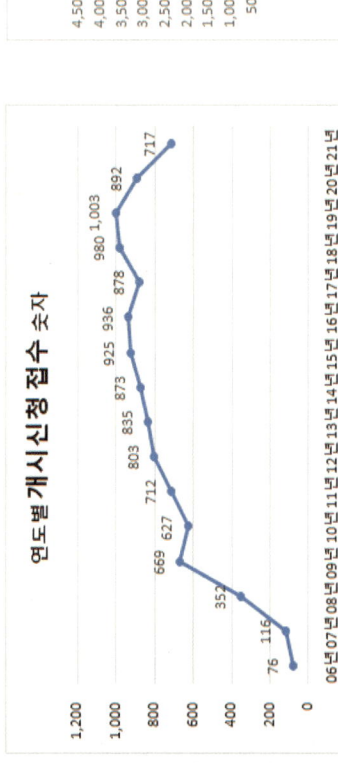

법원별 개시신청 접수 숫자

☞ 회사정리절차(2002년 ~ 2005년)는 통계적 편차가 심하여 그래프 작성에서 제외하였다.

<표 21> 개시신청 절차의 진행(회사정리절차, 기업회생절차) 2002년 ~ 2021년, 전국 14개 지방법원별 숫자

개시신청 절차의 진행(회사정리절차)

법원	02년	03년	04년	05년	합계
서울회생	10	19	14	5	48
의정부	0	0	0	1	1
인천	3	4	4	2	13
수원	4	4	7	5	20
춘천	1	0	0	0	1
대전	0	3	5	2	10
청주	0	0	0	0	0
대구	1	3	2	0	6
부산	2	2	2	0	6
울산	0	0	0	0	0
창원	1	1	1	3	6
광주	5	5	5	0	13
전주	1	0	1	2	4
제주	0	0	0	0	0
합계	28	41	34	24	127

개시신청 절차의 진행(기업회생절차)

법원	06년	07년	08년	09년	10년	11년	12년	13년	14년	15년	16년	17년	18년	19년	20년	21년	합계	비율
서울회생	15	29	111	205	142	198	246	290	366	396	410	306	390	352	292	270	4,018	35%
의정부	1	0	0	4	20	13	12	18	29	28	23	35	16	16	30	10	348	3%
인천	1	6	15	31	30	43	55	54	50	28	47	38	39	33	25	16	521	5%
수원	8	0	47	83	99	119	108	111	99	75	81	96	86	142	138	131	1,429	13%
춘천	0	0	0	3	12	8	8	8	11	15	10	8	7	7	6	6	126	1%
대전	9	4	27	34	30	41	42	35	46	58	43	49	67	87	82	68	722	6%
청주	0	4	12	21	19	23	21	16	19	15	22	23	18	23	14	10	260	2%
대구	5	17	37	61	68	61	75	52	50	53	61	76	79	103	69	49	916	8%
부산	5	4	27	51	30	36	34	33	34	31	40	42	47	47	44	28	533	5%
울산	3	0	2	13	28	31	31	21	17	22	22	24	30	44	32	29	370	3%
창원	8	6	20	81	73	57	58	51	56	102	80	70	91	92	72	58	975	9%
광주	11	13	33	38	44	44	53	40	53	48	42	35	42	39	25	42	602	5%
전주	0	10	12	18	11	22	21	27	40	34	49	33	29	28	37	26	398	4%
제주	0	0	0	0	11	7	4	12	20	6	10	10	8	2	5	3	107	1%
합계	66	101	366	664	626	722	786	806	890	928	936	845	949	1,024	870	746	11,325	100%

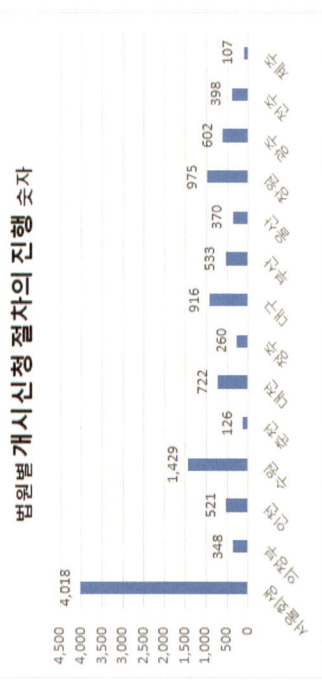

연도별 개시신청 절차의 진행 숫자

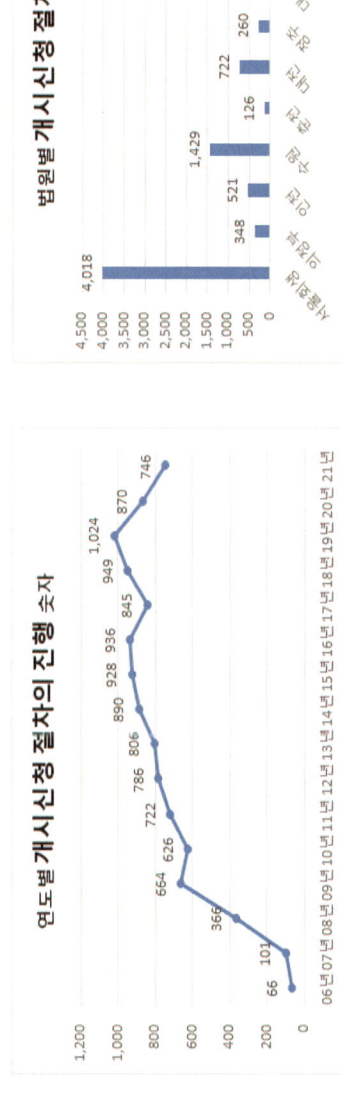

법원별 개시신청 절차의 진행 숫자

<표 22> 개시결정 전 인용(회사정리절차, 기업회생절차) 2002년 ~ 2021년, 전국 14개 지방법원별 숫자

개시결정 전 인용(회사정리절차)

법원	02년	03년	04년	05년	합계
서울회생	10	14	13	3	40
의정부	0	0	0	1	1
인천	3	4	3	2	12
수원	3	4	7	1	15
춘천	1	0	0	1	2
대전	1	3	4	1	9
청주	0	0	0	0	0
대구	1	3	0	1	5
부산	0	1	2	0	3
울산	1	1	1	2	5
창원	4	5	0	2	11
광주	1	0	0	0	0
전주	0	0	0	0	0
제주	0	0	0	0	0
합계	22	35	30	18	105

개시결정 전 인용(기업회생절차)

법원	06년	07년	08년	09년	10년	11년	12년	13년	14년	15년	16년	17년	18년	19년	20년	21년	합계	비율
서울회생	14	20	100	148	90	139	174	221	275	284	275	231	310	255	219	215	2,970	36%
의정부	0	0	10	15	16	26	20	30	20	15	14	19	11	19	23	7	253	3%
인천	3	5	12	19	29	35	38	36	32	15	32	25	31	26	12	11	358	4%
수원	8	5	47	67	76	99	87	74	62	50	54	66	66	96	111	94	1,052	13%
춘천	0	0	0	3	12	4	6	17	7	11	8	8	4	4	2	4	90	1%
대전	9	9	25	29	23	35	34	24	34	45	32	42	52	75	65	45	573	7%
청주	0	4	4	16	16	15	16	15	14	14	17	22	10	18	10	4	198	2%
대구	4	16	36	44	52	51	63	38	37	49	66	64	83	51	38	38	730	9%
부산	4	4	4	13	24	28	27	20	22	20	20	22	15	21	16	16	326	4%
울산	3	5	8	8	23	29	29	7	9	25	14	14	18	32	20	15	261	3%
창원	8	5	13	72	57	48	35	34	45	66	58	59	64	46	46	46	711	9%
광주	11	11	33	28	37	31	41	25	26	29	33	26	22	22	8	22	409	5%
전주	0	0	9	15	10	17	15	16	18	25	26	20	19	19	22	15	265	3%
제주	0	0	0	3	7	5	0	8	12	10	5	4	4	2	4	3	67	1%
합계	61	82	328	511	472	562	585	565	616	652	637	629	680	734	614	535	8,263	100%

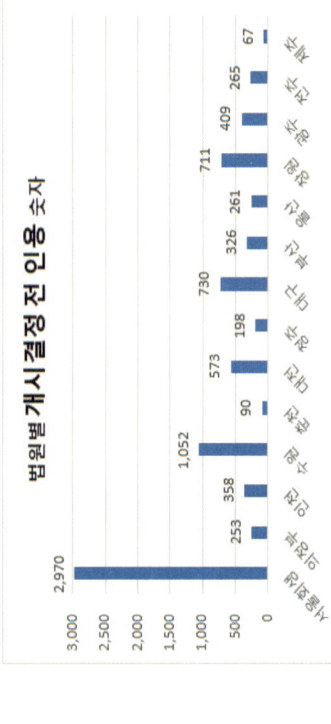

법원별 개시결정 전 인용 숫자

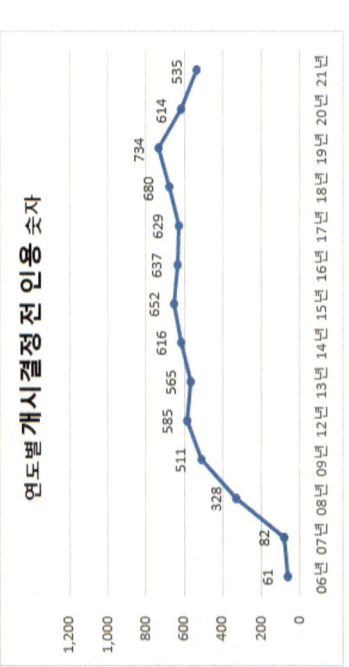

연도별 개시결정 전 인용 숫자

<표 23> 개시결정 전 기각(회사정리절차, 기업회생절차) 2002년 ~ 2021년, 전국 14개 지방법원별 숫자

개시결정 전 기각(회사정리절차)

법원명	02년	03년	04년	05년	합계
서울회생	0	2	0	1	3
의정부	0	0	0	0	0
인천	1	0	0	0	1
수원	0	0	0	0	0
춘천	0	0	0	0	0
대전	0	0	0	0	0
청주	0	0	0	1	1
대구	2	1	0	0	3
부산	0	0	0	1	1
창원	0	0	1	0	1
울산	0	0	0	0	0
광주	0	0	0	1	1
전주	0	0	0	0	0
제주	0	0	0	0	0
합계	3	3	1	3	10

개시결정 전 기각(기업회생절차)

법원명	06년	07년	08년	09년	10년	11년	12년	13년	14년	15년	16년	17년	18년	19년	20년	21년	합계	비율
서울회생	0	5	6	10	14	15	22	23	20	27	30	14	10	19	14	14	243	26%
의정부	0	0	3	3	1	2	1	7	2	4	2	6	1	1	2	1	35	4%
인천	0	0	3	3	3	2	2	8	5	4	2	3	3	2	2	1	48	5%
수원	0	0	0	7	8	8	6	16	14	4	4	8	3	6	4	10	92	10%
춘천	0	0	1	0	1	1	2	4	1	1	1	2	0	2	0	0	17	2%
대전	0	0	0	1	5	0	4	4	4	6	6	3	3	2	3	6	47	5%
청주	1	0	1	2	0	2	1	0	1	3	1	0	2	0	4	3	21	2%
대구	0	1	0	4	10	4	6	6	6	7	3	4	10	4	5	3	55	6%
부산	0	0	1	3	5	1	1	8	2	1	1	5	11	5	3	8	59	6%
창원	0	0	0	1	9	13	13	9	6	7	6	4	6	3	8	1	33	4%
울산	0	4	7	6	5	6	2	7	12	5	5	3	6	10	8	13	96	10%
광주	0	0	0	3	3	3	3	8	13	9	9	9	2	6	3	1	62	7%
전주	0	0	0	3	4	3	2	6	3	1	0	3	3	4	3	1	28	3%
제주	0	0	0	0	0	0	0	0	0	0	0	0	0	0	0	0	0	0%
합계	1	10	24	46	67	47	81	104	94	70	71	46	65	72	60	69	927	100%

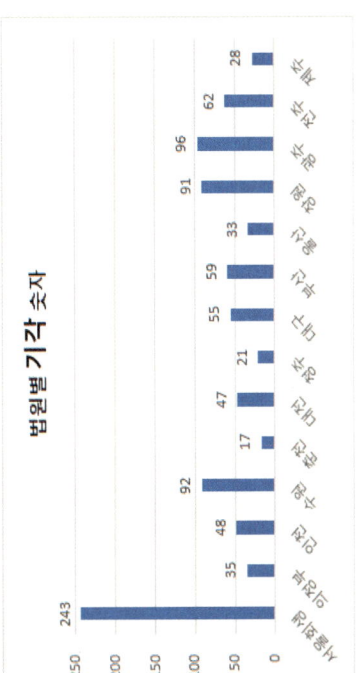

연도별 기각 숫자

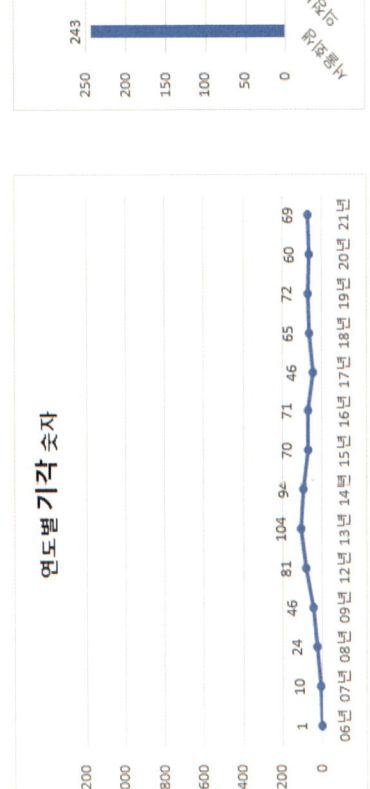

법원별 기각 숫자

<표 24> 개시결정 전 기타(회사정리절차, 기업회생절차) 2002년 ~ 2021년, 전국 14개 지방법원별 숫자

개시결정 전 기타(회사정리절차)

법원	02년	03년	04년	05년	합계
서울회생	0	3	1	1	5
의정부	0	0	0	0	0
인천	0	0	1	0	1
수원	2	0	0	2	4
춘천	0	0	0	0	0
대전	0	0	0	1	1
청주	0	0	0	0	0
대구	0	0	0	0	0
부산	0	0	0	0	0
울산	0	0	0	0	0
창원	1	0	0	0	1
광주	0	0	0	0	0
전주	0	0	0	0	0
제주	0	0	0	0	0
합계	3	3	3	3	12

개시결정 전 기타(기업회생절차)

법원	06년	07년	08년	09년	10년	11년	12년	13년	14년	15년	16년	17년	18년	19년	20년	21년	합계	비율
서울회생	1	4	5	47	38	44	50	46	71	85	105	61	70	78	59	41	805	38%
의정부	0	0	0	2	2	4	9	2	4	4	7	10	4	5	5	2	60	3%
인천	1	1	0	2	8	6	6	10	13	11	14	11	5	5	12	4	115	5%
수원	2	0	0	9	15	16	15	21	23	21	19	27	28	40	23	27	285	13%
춘천	0	1	0	0	0	0	0	3	0	0	8	5	0	0	2	0	19	1%
대전	0	0	1	4	2	4	7	7	8	8	5	5	10	10	14	17	102	5%
청주	0	0	0	3	5	2	0	0	1	1	4	9	0	4	4	3	41	2%
대구	0	0	1	13	6	8	6	6	6	12	12	16	6	16	13	8	131	6%
부산	0	0	2	9	4	4	6	7	10	10	14	15	15	17	15	11	148	7%
울산	0	0	0	0	0	0	1	13	7	1	6	9	9	8	6	6	76	4%
창원	0	1	0	6	7	8	10	11	5	29	18	10	21	22	19	6	173	8%
광주	0	1	1	4	6	7	5	6	15	14	14	7	10	7	9	7	97	5%
전주	0	1	0	1	1	2	4	3	9	0	0	5	3	5	12	10	71	3%
제주	0	0	0	1	1	0	1	1	2	3	1	1	1	1	1	1	12	1%
합계	4	9	14	107	87	113	120	137	180	206	228	170	204	218	196	142	2,135	100%

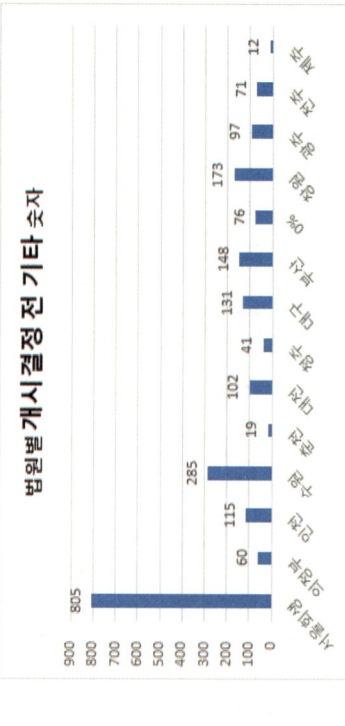

법원별 개시결정 전 기타 숫자

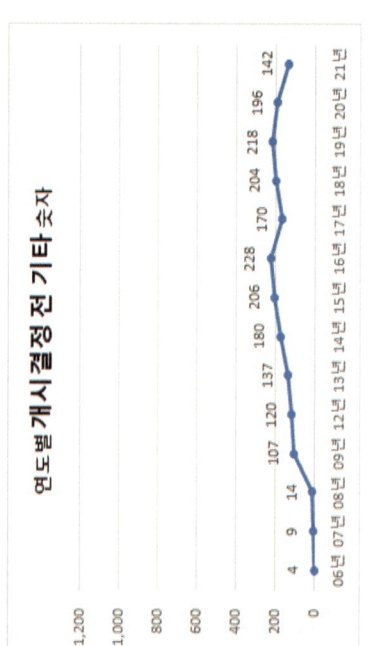

연도별 개시결정 전 기타 숫자

<표 25> 회생계획 인가(회사정리절차, 기업회생절차) 2002년 ~ 2021년, 전국 14개 지방법원별 숫자

정리계획 인가(회사정리절차)

법원	02년	03년	04년	05년	합계
서울회생	3	9	7	3	22
의정부	0	0	0	0	0
인천	1	5	3	1	10
수원	1	0	4	3	8
춘천	0	1	1	0	2
대전	0	1	2	1	4
청주	1	3	3	1	8
대구	4	1	1	1	7
부산	0	0	0	2	2
울산	1	1	1	0	3
창원	1	3	1	0	5
광주	1	0	0	0	1
전주	0	0	0	0	0
제주	0	0	0	0	0
합계	13	24	20	17	74

회생계획 인가(기업회생절차)

법원	06년	07년	08년	09년	10년	11년	12년	13년	14년	15년	16년	17년	18년	19년	20년	21년	합계	비율
서울회생	2	11	54	35	65	64	96	127	162	162	135	209	216	144	152		1,634	39%
의정부	0	3	6	8	16	23	16	12	10	12	16	19	16	11	14	8	102	2%
인천	1	0	1	0	1	27	38	45	43	66	14	24	27	31	39	64	47	173	4%
수원	2	6	0	3	1	1	1	37	5	4	2	5	4	1	2	1	511	12%
춘천	0	0	0	3	11	19	14	9	5	12	15	13	19	24	32	49	33	1%
대전	0	3	9	11	13	14	5	3	1	5	7	12	4	7	9	236	6%
청주	0	0	4	10	38	27	47	29	18	20	29	32	42	52	48	26	101	2%
대구	0	4	6	35	28	12	10	5	14	10	17	11	15	12	17	9	440	11%
부산	3	6	8	10	11	12	5	13	16	6	3	11	10	19	14	194	5%
울산	1	0	3	24	31	15	11	26	14	29	17	21	33	10	22	133	3%
창원	1	2	6	25	20	22	8	16	13	21	17	17	10	4	8	283	7%
광주	0	0	0	7	4	15	5	3	6	1	12	12	8	9	12	195	5%
전주	0	0	0	0	0	1	3	6	2	2	111	3%
제주	0	0	0	0	0	0	0	2	28	1%
합계	9	13	41	257	223	242	290	260	263	287	345	317	436	424	397	370	4,174	100%

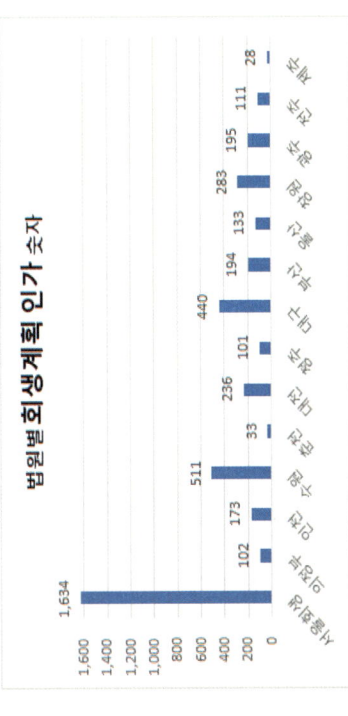

법원별 회생계획 인가 숫자

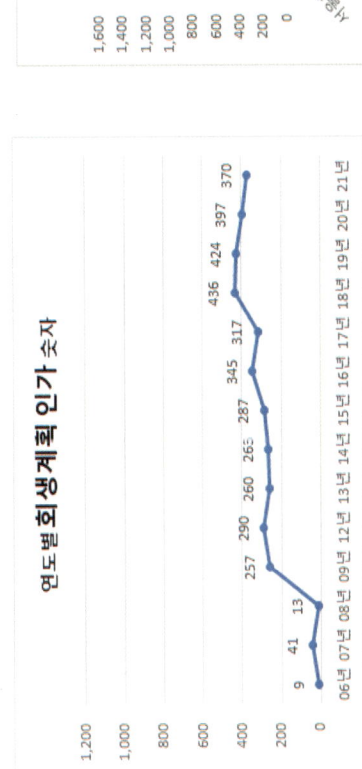

연도별 회생계획 인가 숫자

<표 26> 개시결정 후 인가 전 취소(폐지)(회사정리절차, 기업회생절차) 2002년 ~ 2021년, 전국 14개 지방법원별 숫자

개시결정 후 인가 전 취소(폐지)(회사정리)

법원명	02년	03년	04년	05년	합계
서울회생	3	2	12	3	20
의정부	0	1	0	0	2
인천	1	1	0	0	2
수원	0	0	1	2	6
춘천	0	0	2	0	2
대전	0	0	0	2	3
청주	5	0	0	1	3
대구	0	0	2	0	0
부산	2	0	0	0	0
창원	0	0	0	0	0
울산	1	0	0	0	0
광주	2	5	0	1	8
전주	0	0	0	0	0
제주	0	0	0	0	0
합계	6	9	17	7	39

개시결정 후 인가 전 취소(폐지)(기업회생절차)

법원명	06년	07년	08년	09년	10년	11년	12년	13년	14년	15년	16년	17년	18년	19년	20년	21년	합계	비율
서울회생	2	11	0	65	74	65	85	99	116	125	107	85	58	76	52	74	1,094	31%
의정부	0	0	0	5	14	14	17	16	17	14	10	10	6	6	13	7	145	4%
인천	1	0	0	6	8	10	10	23	30	8	11	9	11	15	9	9	174	5%
수원	1	0	0	10	24	27	29	57	40	30	38	26	28	38	48	38	445	13%
춘천	0	0	0	2	5	6	4	6	6	7	4	5	2	4	4	1	54	2%
대전	5	1	0	13	12	19	27	14	21	25	23	19	23	23	20	29	273	8%
청주	0	1	0	3	5	5	13	10	12	9	14	9	7	7	4	2	101	3%
대구	0	1	0	5	16	18	23	23	19	15	15	18	17	15	33	15	241	7%
부산	0	0	0	6	8	17	15	16	5	8	11	6	6	5	4	9	115	3%
창원	0	0	0	0	8	5	14	27	5	8	8	8	6	9	9	9	120	3%
울산	1	7	0	18	35	38	34	21	24	36	38	28	24	43	18	24	389	11%
광주	0	6	0	7	9	16	16	16	17	11	11	13	11	20	11	4	181	5%
전주	0	0	0	5	5	9	14	14	13	13	13	9	13	9	14	15	134	4%
제주	0	0	0	1	2	4	2	1	5	5	5	5	1	2	1	1	33	1%
합계	12	29	0	146	225	253	333	347	334	312	309	250	210	269	238	232	3,499	100%

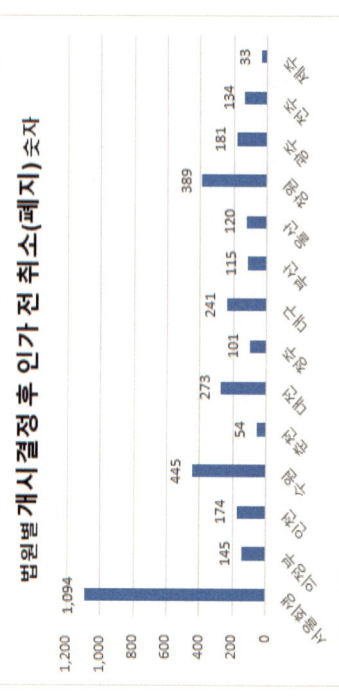

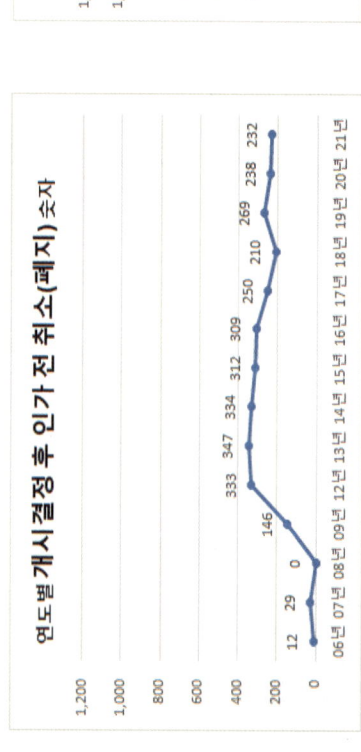

<표 27> 개시결정 후 인가 전 기타(회사정리절차, 기업회생절차) 2002년 ~ 2021년, 전국 14개 지방법원별 숫자

개시결정 후 인가 전 기타(회사정리절차)

법원별	02년	03년	04년	05년	합계
서울회생	1	0	0	0	1
의정부	0	0	0	0	0
인천	0	0	0	0	0
수원	0	0	0	0	0
춘천	0	0	0	0	0
대전	0	0	0	0	0
청주	0	0	0	0	0
대구	0	0	0	0	0
부산	0	0	0	0	0
울산	0	0	0	0	0
창원	0	0	0	0	0
광주	0	0	0	0	0
전주	0	0	0	0	0
제주	0	0	0	0	0
합계	1	0	0	0	1

개시결정 후 인가 전 기타(기업회생절차)

법원별	06년	07년	08년	09년	10년	11년	12년	13년	14년	15년	16년	17년	18년	19년	20년	21년	합계	비율
서울회생	0	0	0	0	0	0	0	0	0	1	1	1	0	0	2	0	4	33%
의정부	0	0	0	0	0	0	0	0	0	0	0	0	0	0	0	0	0	0%
인천	0	0	0	0	0	0	0	0	0	0	0	0	0	0	0	0	0	0%
수원	0	0	0	0	0	0	0	0	0	0	0	0	0	0	0	0	0	0%
춘천	0	0	0	0	0	0	0	0	0	0	0	0	0	0	0	0	0	0%
대전	0	0	0	0	0	0	0	0	0	0	0	0	0	0	0	0	0	0%
청주	0	0	0	0	0	0	0	0	0	0	0	0	0	0	0	0	0	0%
대구	0	0	0	0	0	0	0	0	0	0	0	2	0	0	0	0	3	25%
부산	0	0	0	0	0	0	0	1	1	0	0	0	0	0	0	0	2	17%
울산	0	0	0	0	0	0	0	0	0	0	0	0	0	0	0	0	0	0%
창원	0	0	0	0	0	0	0	0	0	0	0	1	1	0	0	0	2	17%
광주	0	0	0	0	0	0	0	0	0	0	0	0	0	0	0	0	0	0%
전주	0	0	0	0	0	0	0	0	0	0	0	0	0	0	0	1	1	8%
제주	0	0	0	0	0	0	0	0	0	0	0	0	0	0	0	0	0	0%
합계	0	0	0	0	0	0	0	1	1	2	0	4	1	0	2	1	12	100%

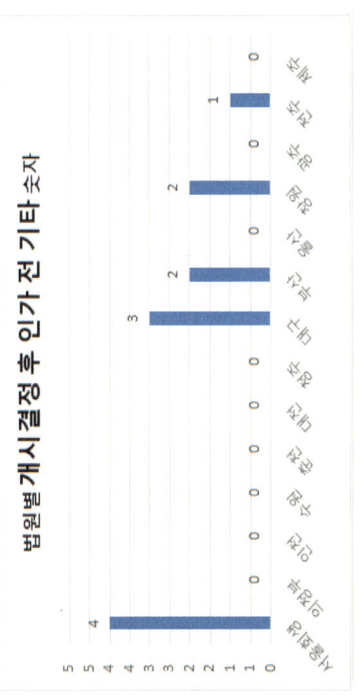

법원별 개시결정 후 인가 전 기타 숫자

연도별 개시결정 후 인가 전 기타 숫자

<표 28> 종결(회사정리절차, 기업회생절차) 2002년 ~ 2021년, 전국 14개 지방법원별 숫자

법원명	종결(회사정리절차)					종결(기업회생절차)																	비율
	02년	03년	04년	05년	합계	06년	07년	08년	09년	10년	11년	12년	13년	14년	15년	16년	17년	18년	19년	20년	21년	합계	
서울회생	18	8	16	6	48	6	8	3	1	4	23	40	62	72	104	138	158	166	220	161	135	1,301	50%
의정부	0	0	0	1	1	0	0	0	0	0	2	0	3	1	2	1	2	1	1	1	4	25	1%
인천	1	5	4	5	15	1	4	0	0	2	2	0	3	12	16	4	13	13	12	5	14	101	4%
수원	4	4	7	7	22	1	4	1	0	0	7	8	14	24	26	19	37	40	19	46	45	291	11%
춘천	1	0	0	0	1	3	1	1	0	0	2	0	0	0	0	0	0	2	2	1	1	17	1%
대전	1	1	1	0	3	0	0	2	0	0	2	4	3	4	4	4	7	13	15	11	27	104	4%
청주	1	0	1	1	3	0	0	1	2	3	2	7	14	20	9	5	1	12	18	16	7	32	1%
대구	4	8	7	3	22	4	1	0	7	7	12	9	6	5	11	12	14	9	13	19	9	167	6%
부산	2	5	1	1	9	3	1	0	2	2	1	6	9	5	11	9	3	5	9	13	9	85	3%
울산	2	0	0	0	2	0	0	0	0	0	3	13	13	2	17	16	18	33	33	29	17	60	2%
창원	2	1	3	0	5	0	3	0	2	5	5	8	5	7	19	19	10	6	15	17	14	215	8%
광주	0	1	0	0	4	0	0	0	0	0	2	2	4	7	4	1	4	5	8	7	1	125	5%
전주	0	0	0	0	0	0	0	0	0	0	0	0	1	1	1	3	3	1	0	1	1	49	2%
제주	0	0	0	0	0	0	0	0	0	0	0	0	0	0	0	0	0	0	0	0	0	11	0%
합계	35	33	36	33	137	19	21	8	14	21	66	86	132	172	225	238	276	319	358	315	313	2,583	100%

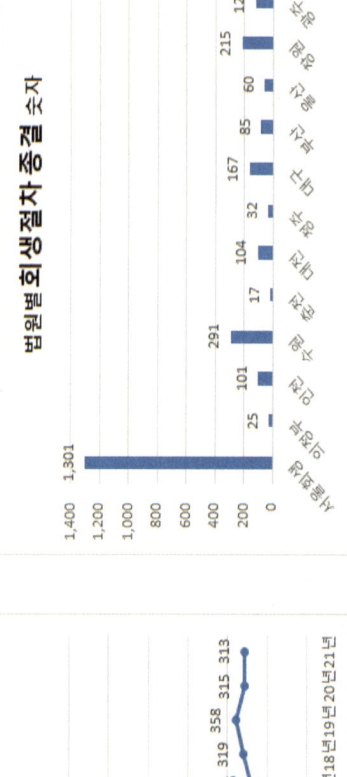

법원별 회생절차 종결 숫자

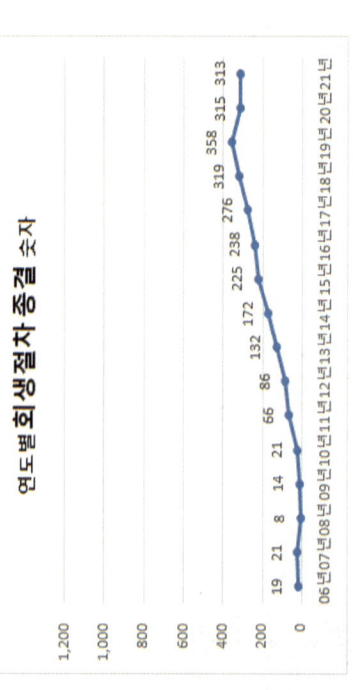

연도별 회생절차 종결 숫자

<표 29> 인가 후 폐지(회사정리절차, 7 임회생절차) 2002년 ~ 2021년, 전국 14개 지방법원별 숫자

인가 후 폐지(회사정리절차)

인가 후 폐지(기업회생절차)

법원명	02년	03년	04년	05년	합계	06년	07년	08년	09년	10년	11년	12년	13년	14년	15년	16년	17년	18년	19년	20년	21년	합계	비율
서울회생	0	0	1	1	3	1	1	18	5	12	17	35	23	19	12	34	20	13	6	8	6	239	20%
의정부	0	0	0	0	0	0	0	1	0	1	2	7	5	4	7	4	4	12	9	4	7	57	5%
인천	3	1	2	0	6	0	0	0	3	5	2	7	4	12	14	5	3	2	5	4	6	68	6%
수원지법	2	0	0	0	0	0	0	3	2	1	0	15	31	34	25	24	13	4	7	6	4	177	15%
춘천	4	0	0	0	4	0	0	4	0	0	0	2	0	0	0	2	1	4	2	0	1	15	1%
청주	0	0	0	0	0	0	1	6	1	2	4	9	11	11	5	6	8	5	5	3	11	76	6%
대전	2	2	1	1	6	1	1	0	0	3	7	6	6	3	3	3	3	4	4	3	8	58	5%
대구	1	1	1	0	3	0	0	2	0	3	6	9	16	16	18	19	14	10	14	23	15	164	14%
부산	0	0	0	0	0	1	0	2	0	0	5	2	15	3	5	6	6	5	5	5	2	80	7%
울산	0	0	0	0	0	0	1	2	0	2	2	9	13	13	5	2	6	4	4	4	1	45	4%
창원	0	0	1	1	3	1	0	8	3	4	3	3	3	9	9	5	5	5	3	7	3	73	6%
광주	0	0	1	3	4	0	0	5	3	1	0	2	1	5	4	3	2	11	6	11	3	70	6%
전주	0	0	0	0	0	0	0	0	0	0	0	2	1	1	1	0	2	2	7	3	3	44	4%
제주	0	0	0	0	0	0	0	0	0	0	0	0	0	0	0	0	0	0	0	0	0	4	0%
합계	12	5	6	9	32	3	5	52	12	36	51	104	129	137	120	121	93	84	69	84	70	1,170	100%

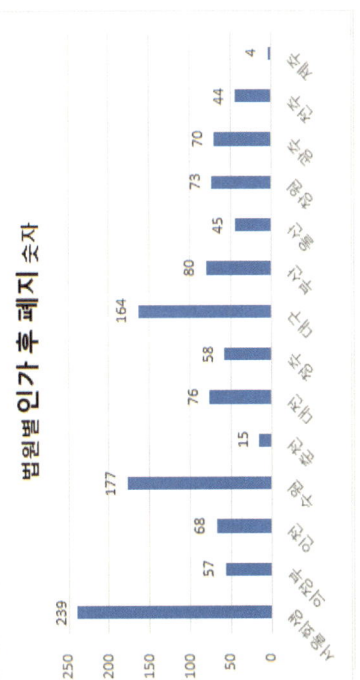

연도별 인가 후 폐지 숫자

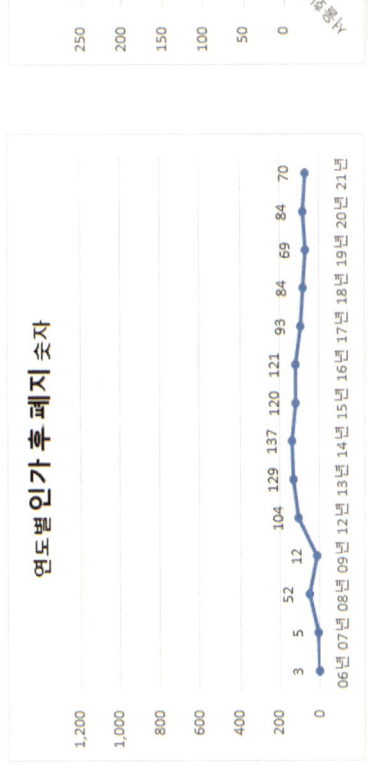

법원별 인가 후 폐지 숫자

<표 30> 인가 후 기타(회사정리절차, 기업회생절차) 2002년 ~ 2021년, 전국 14개 지방법원별 숫자

인가 후 기타(회사정리절차)

법원/년생	02년	03년	04년	05년	06년	07년	08년	09년	10년	11년	12년	13년	14년	15년	16년	17년	18년	19년	20년	21년	합계	비율
서울회생	0	0	0	0	0	0	2	0	0	0	0	0	0	2	0	0	0	0	0	0	4	16%
의정부	0	0	0	0	0	0	6	0	0	0	0	0	0	0	0	0	0	0	0	0	6	24%
인천	0	0	0	0	0	0	1	0	0	0	0	0	0	0	0	0	0	0	0	0	1	4%
수원	0	0	0	0	0	0	1	0	0	0	0	0	0	0	0	0	0	0	0	0	1	4%
춘천	0	0	0	0	0	0	1	0	0	0	0	0	0	0	0	0	0	0	0	0	1	4%
대전	0	0	0	0	0	0	0	0	0	0	0	0	0	0	0	0	0	0	0	1	1	4%
청주	0	0	0	0	0	0	1	0	0	0	0	0	0	0	0	0	0	0	0	0	0	0%
대구	0	0	0	0	0	0	1	0	0	0	0	0	0	0	0	0	0	0	0	0	1	4%
부산	0	0	0	0	3	0	0	0	0	0	0	0	0	0	0	0	0	0	0	0	0	0%
울산	0	0	0	0	0	0	0	0	0	0	0	0	0	0	0	2	0	0	0	0	3	12%
창원	0	0	0	0	0	0	0	0	0	0	0	0	0	0	0	1	1	0	0	0	3	12%
광주	0	0	0	0	0	0	0	0	0	0	0	0	0	0	0	0	0	0	0	0	1	4%
전주	0	0	0	0	0	3	0	0	0	0	0	0	0	0	0	0	0	0	0	0	3	12%
제주	0	0	0	0	0	0	0	0	0	0	0	0	0	0	0	0	0	0	0	0	0	0%
합계	0	0	0	0	3	3	12	0	0	0	0	0	2	0	0	3	1	0	0	1	25	100%

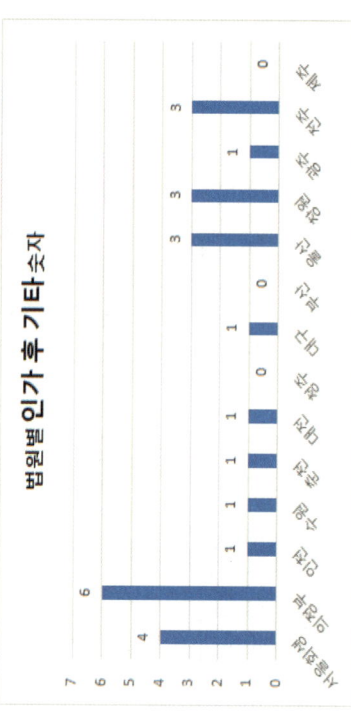

<표 31> 개시결정 전 인용률(회사정리절차, 기업회생절차) 2002년 ~ 2021년, 전국 14개 지방법원별 비율 및 평균

개시결정 전 인용률(회사정리절차)

법원	02년	03년	04년	05년
서울회생	100%	74%	93%	60%
의정부	0%	0%	0%	100%
인천	100%	100%	75%	100%
수원	25%	100%	100%	60%
춘천	100%	0%	0%	100%
대전	0%	100%	80%	100%
대구	100%	100%	0%	50%
청주	0%	100%	0%	0%
부산	100%	50%	100%	100%
울산	0%	0%	0%	0%
창원	100%	100%	100%	67%
광주	80%	100%	100%	100%
전주	100%	0%	0%	0%
제주	0%	0%	0%	0%
합계	79%	85%	88%	75%

개시결정 전 인용률 vs. 개시신청(기업회생절차)

법원	06년	07년	08년	09년	10년	11년	12년	13년	14년	15년	16년	17년	18년	19년	20년	21년	평균
서울회생	93%	69%	90%	72%	63%	70%	71%	76%	75%	72%	67%	75%	79%	72%	75%	80%	75%
의정부	0%	0%	77%	83%	80%	77%	67%	77%	79%	71%	61%	54%	69%	76%	77%	70%	73%
인천	0%	83%	80%	61%	74%	81%	69%	67%	64%	54%	68%	66%	79%	79%	46%	69%	65%
수원	100%	83%	100%	81%	77%	83%	81%	67%	63%	67%	67%	69%	65%	68%	80%	72%	76%
춘천	100%	0%	0%	0%	100%	50%	75%	68%	64%	73%	80%	100%	57%	57%	50%	67%	67%
대전	100%	100%	93%	85%	77%	85%	81%	69%	74%	78%	74%	86%	78%	86%	79%	66%	82%
대구	0%	100%	58%	76%	84%	65%	76%	94%	74%	93%	77%	96%	56%	78%	71%	40%	76%
청주	80%	94%	97%	72%	76%	84%	84%	73%	72%	78%	80%	87%	81%	81%	74%	78%	80%
부산	80%	100%	93%	76%	80%	94%	79%	61%	65%	72%	50%	52%	32%	40%	48%	57%	66%
울산	100%	100%	100%	100%	82%	94%	94%	33%	53%	76%	64%	58%	60%	73%	63%	52%	74%
창원	100%	83%	80%	89%	84%	70%	67%	63%	49%	60%	73%	79%	65%	70%	64%	79%	75%
광주	80%	62%	65%	74%	84%	62%	77%	67%	80%	65%	79%	83%	62%	56%	32%	52%	69%
전주	0%	90%	100%	83%	91%	70%	71%	59%	45%	74%	53%	79%	69%	68%	59%	58%	67%
제주	100%	0%	0%	43%	64%	71%	0%	67%	60%	83%	83%	40%	50%	100%	80%	100%	65%
합계	92%	81%	90%	77%	75%	78%	74%	70%	69%	70%	68%	74%	72%	72%	71%	72%	73%

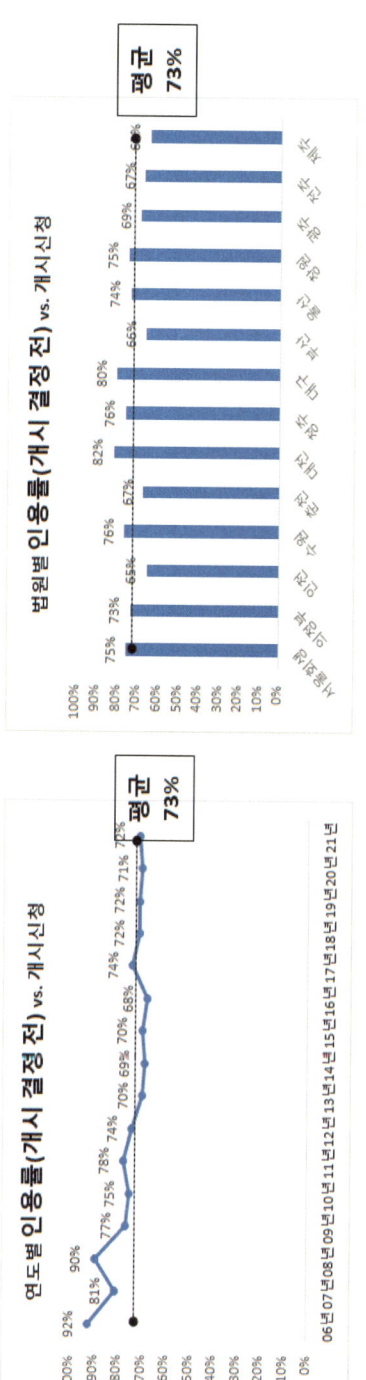

연도별 인용률(개시 결정 전) vs. 개시신청

법원별 인용률(개시 결정 전) vs. 개시신청

평균 73%

<표 32> 개시결정 전 기간율(회사정리절차, 기업회생절차) 2002년 ~ 2021년, 전국 14개 지방법원별 비율 및 평균

개시결정 전 기간율(회사정리절차)

법원	02년	03년	04년	05년
서울회생	0%	11%	0%	20%
의정부	0%	0%	0%	0%
인천	0%	0%	0%	0%
수원	25%	0%	0%	0%
춘천	0%	0%	0%	0%
대전	0%	0%	0%	0%
청주	0%	0%	0%	0%
대구	0%	0%	0%	50%
부산	100%	50%	0%	0%
울산	0%	0%	0%	0%
창원	0%	0%	0%	33%
광주	0%	0%	100%	0%
전주	0%	0%	0%	0%
제주	0%	0%	0%	0%
합계	11%	7%	3%	13%

개시결정 전 기간율 vs. 개시신청(기업회생절차)

법원	06년	07년	08년	09년	10년	11년	12년	13년	14년	15년	16년	17년	18년	19년	20년	21년	평균
서울회생	0%	17%	5%	5%	10%	8%	9%	8%	5%	7%	7%	5%	3%	5%	5%	5%	6%
의정부	0%	0%	23%	6%	10%	6%	3%	18%	14%	14%	9%	17%	6%	4%	7%	10%	10%
인천	0%	0%	20%	10%	5%	5%	22%	15%	10%	7%	2%	5%	8%	6%	8%	6%	8%
수원	0%	0%	0%	8%	8%	3%	6%	14%	14%	5%	10%	3%	2%	4%	3%	8%	6%
춘천	25%	0%	50%	0%	0%	13%	25%	20%	9%	7%	10%	3%	43%	14%	14%	33%	15%
대전	0%	0%	4%	3%	17%	5%	2%	11%	9%	9%	14%	4%	7%	2%	4%	9%	6%
청주	0%	0%	17%	3%	5%	13%	19%	0%	0%	7%	5%	4%	11%	4%	0%	30%	9%
대구	0%	0%	6%	14%	15%	3%	3%	15%	15%	6%	6%	1%	0%	4%	0%	6%	7%
부산	20%	0%	0%	7%	5%	11%	8%	18%	14%	3%	3%	10%	21%	23%	18%	4%	9%
울산	100%	0%	0%	0%	18%	3%	3%	5%	6%	3%	9%	4%	10%	11%	9%	28%	10%
창원	0%	0%	35%	4%	12%	2%	22%	12%	11%	7%	5%	9%	12%	7%	10%	10%	10%
광주	0%	31%	0%	16%	11%	14%	13%	23%	23%	10%	5%	9%	14%	26%	32%	31%	16%
전주	0%	0%	0%	11%	0%	14%	10%	30%	33%	26%	18%	6%	21%	14%	8%	4%	12%
제주	0%	0%	0%	43%	36%	14%	75%	25%	30%	8%	8%	30%	38%	0%	20%	20%	25%
합계	2%	10%	7%	7%	11%	7%	10%	13%	11%	8%	8%	5%	7%	7%	7%	9%	8%

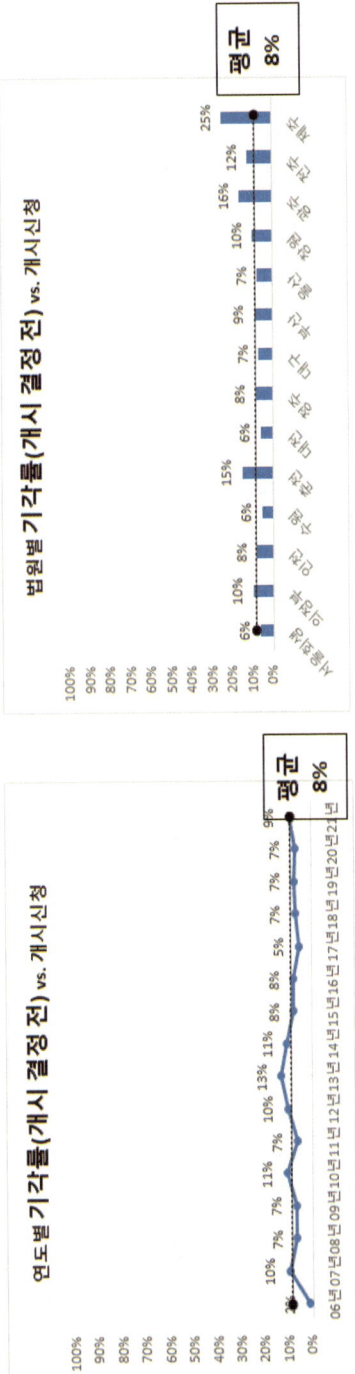

연도별 기간율(개시 결정 전) vs. 개시신청

법원별 기간율(개시 결정 전) vs. 개시신청

<표 33> 개시결정 전 기타율(회사정리절차, 기업회생절차) 2002년 ~ 2021년, 전국 14개 지방법원별 비율 및 평균

개시결정 전 기타율(회사정리절차)

법원명	02년	03년	04년	05년
서울회생	0%	16%	7%	20%
의정부	0%	0%	7%	0%
인천	0%	0%	25%	0%
수원	50%	0%	0%	40%
충주	0%	0%	0%	0%
대전	0%	0%	20%	0%
청주	0%	0%	0%	0%
대구	0%	0%	0%	0%
부산	0%	0%	0%	0%
울산	0%	0%	0%	0%
창원	0%	0%	0%	0%
광주	20%	0%	0%	0%
전주	0%	0%	0%	0%
제주	0%	0%	0%	0%
합계	11%	7%	9%	13%

개시결정 전 기타율 vs. 개시신청(기업회생절차)

법원명	06년	07년	08년	09년	10년	11년	12년	13년	14년	15년	16년	17년	18년	19년	20년	21년	평균
서울회생	7%	14%	5%	23%	27%	22%	20%	16%	19%	21%	26%	20%	18%	22%	20%	15%	18%
의정부	0%	0%	0%	11%	10%	13%	30%	5%	14%	14%	30%	29%	25%	20%	17%	20%	17%
인천	100%	17%	0%	29%	21%	14%	9%	19%	26%	39%	30%	13%	13%	15%	46%	25%	27%
수원	0%	0%	0%	11%	15%	13%	14%	19%	23%	28%	23%	28%	33%	28%	17%	21%	18%
충주	0%	0%	50%	0%	0%	38%	0%	12%	27%	20%	0%	0%	0%	29%	50%	0%	18%
대전	0%	0%	4%	12%	7%	10%	17%	20%	17%	14%	12%	10%	15%	11%	17%	25%	12%
청주	0%	25%	25%	10%	11%	22%	5%	6%	21%	7%	18%	4%	33%	17%	29%	30%	16%
대구	0%	3%	3%	21%	9%	13%	8%	12%	7%	23%	20%	12%	19%	16%	19%	16%	13%
부산	20%	0%	7%	18%	13%	11%	18%	21%	29%	32%	35%	38%	47%	36%	34%	39%	25%
울산	0%	0%	10%	0%	9%	3%	62%	41%	21%	38%	27%	30%	30%	16%	28%	21%	15%
창원	0%	17%	0%	7%	10%	14%	17%	22%	9%	28%	23%	14%	23%	24%	26%	10%	15%
광주	0%	8%	0%	11%	5%	16%	9%	15%	28%	29%	28%	9%	24%	18%	36%	17%	15%
전주	100%	10%	0%	6%	5%	16%	19%	11%	23%	0%	0%	15%	18%	18%	32%	38%	21%
제주	0%	0%	0%	14%	14%	25%	8%	10%	29%	8%	17%	10%	13%	0%	0%	0%	11%
합계	6%	9%	4%	16%	14%	16%	15%	17%	20%	22%	24%	20%	21%	21%	23%	19%	19%

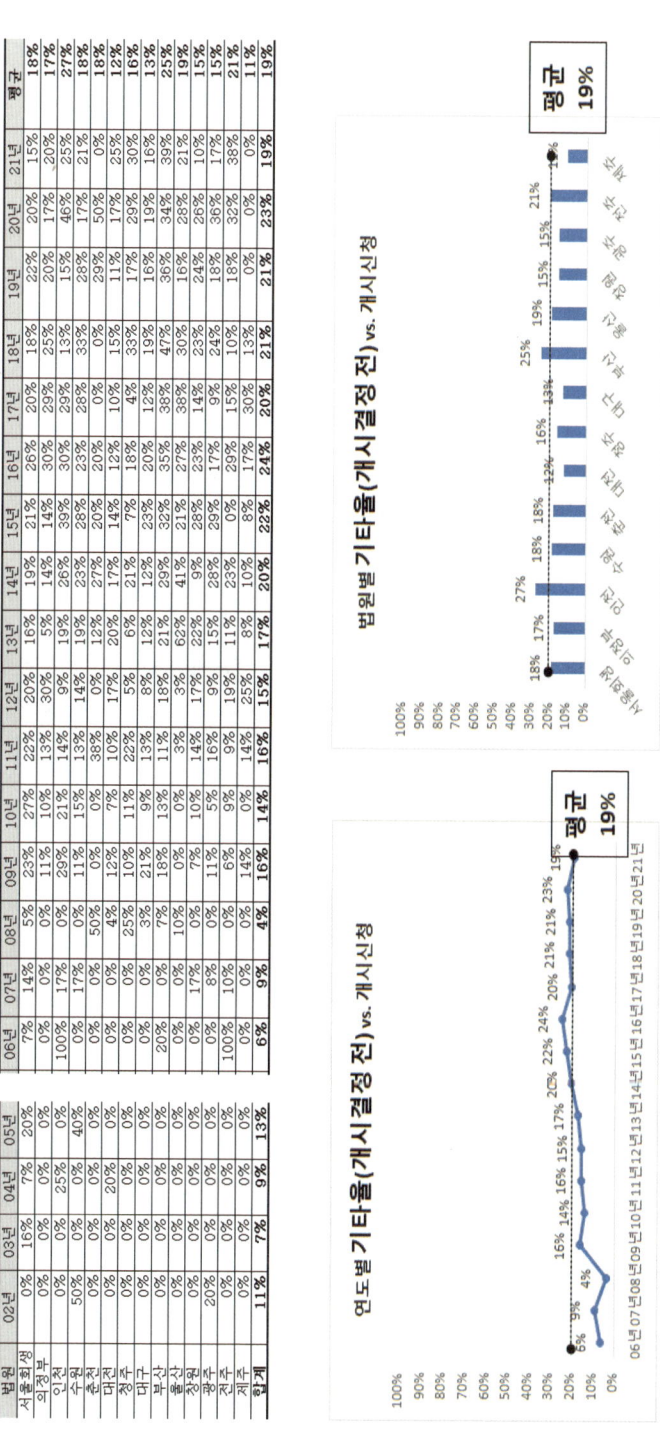

연도별 기타율(개시결정 전) vs. 개시신청 — 평균 19%

법원별 기타율(개시결정 전) vs. 개시신청 — 평균 19%

<표 34> 회생계획 인가율(회사정리절차, 기업회생절차) 2002년 ~ 2021년, 전국 14개 지방법원별 비율 및 평균

정리계획 인가율(회사정리절차)

법원명	02년	03년	04년	05년
서울회생	30%	47%	50%	60%
의정부	0%	0%	0%	100%
인천	33%	125%	75%	50%
수원	25%	0%	43%	80%
춘천	100%	0%	0%	0%
대전	0%	33%	20%	100%
청주	0%	0%	0%	0%
대구	100%	100%	0%	50%
부산	200%	50%	0%	100%
울산	0%	0%	100%	0%
창원	0%	100%	200%	100%
광주	20%	60%	0%	100%
전주	0%	0%	0%	0%
제주	0%	0%	0%	0%
합계	46%	59%	59%	71%

회생계획 인가율 vs. 개시신청(기업회생절차)

법원명	06년	07년	08년	09년	10년	11년	12년	13년	14년	15년	16년	17년	18년	19년	20년	21년	평균
서울회생	13%	38%	0%	26%	25%	33%	26%	33%	35%	41%	40%	44%	54%	61%	49%	56%	36%
의정부	0%	0%	0%	22%	45%	13%	30%	31%	31%	36%	17%	23%	56%	8%	47%	80%	31%
인천	100%	50%	0%	19%	21%	37%	42%	30%	16%	36%	26%	42%	49%	33%	62%	50%	38%
수원	25%	100%	2%	33%	38%	38%	61%	39%	37%	19%	30%	28%	57%	27%	46%	36%	37%
춘천	0%	0%	0%	0%	25%	13%	13%	16%	45%	27%	20%	63%	28%	14%	50%	17%	26%
대전	0%	75%	0%	56%	37%	17%	33%	26%	20%	21%	35%	27%	28%	28%	39%	72%	32%
청주	0%	0%	75%	48%	58%	57%	24%	19%	5%	33%	23%	30%	67%	17%	50%	90%	40%
대구	0%	24%	0%	62%	41%	44%	63%	56%	36%	38%	48%	42%	53%	50%	70%	53%	42%
부산	0%	150%	0%	69%	40%	28%	38%	30%	41%	32%	43%	26%	39%	26%	39%	43%	40%
울산	100%	0%	30%	62%	36%	35%	39%	24%	12%	18%	73%	13%	37%	23%	59%	48%	38%
창원	13%	33%	0%	30%	42%	26%	19%	24%	23%	14%	33%	41%	32%	36%	29%	38%	27%
광주	0%	46%	0%	66%	45%	50%	15%	40%	15%	27%	49%	40%	26%	26%	16%	19%	32%
전주	0%	0%	0%	39%	36%	23%	71%	11%	15%	3%	24%	49%	59%	29%	24%	46%	26%
제주	0%	0%	0%	0%	27%	14%	50%	17%	30%	50%	0%	20%	0%	100%	25%	67%	31%
합계	14%	41%	4%	39%	36%	34%	37%	32%	30%	31%	37%	38%	46%	41%	46%	50%	37%

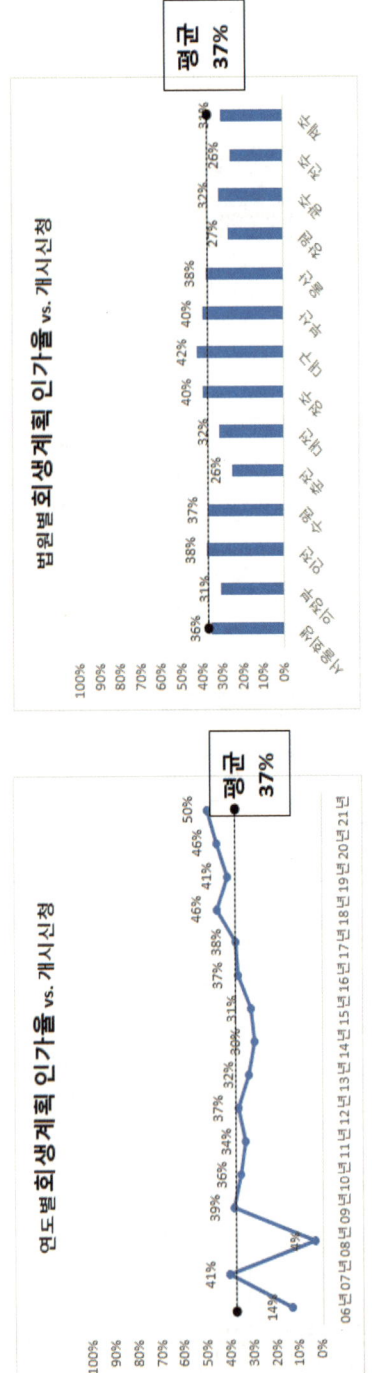

연도별 회생계획 인가율 vs. 개시신청 — 평균 37%

법원별 회생계획 인가율 vs. 개시신청 — 평균 37%

<표 35> 개시결정 후 인가 전 취소율(폐지) (회사정리절차, 기업회생절차) 2002년 ~ 2021년, 전국 14개 지방법원별 비율 및 평균

개시결정 후 인가 전 취소율(폐지)(회사정리)

법원명	02년	03년	04년	05년	06년	07년	08년	09년	10년	11년	12년	13년	14년	15년	16년	17년	18년	19년	20년	21년	평균
서울회생	30%	11%	86%	60%	13%	38%	0%	32%	52%	33%	35%	34%	32%	32%	26%	28%	15%	22%	18%	27%	27%
의정부	0%	0%	0%	0%	0%	0%	0%	28%	70%	31%	57%	41%	59%	50%	43%	29%	38%	24%	43%	70%	42%
인천	33%	25%	0%	0%	100%	0%	0%	19%	21%	33%	37%	43%	60%	29%	23%	24%	23%	45%	27%	25%	33%
수원	0%	25%	29%	60%	13%	0%	0%	12%	24%	23%	50%	51%	40%	40%	47%	63%	33%	27%	35%	29%	27%
춘천	0%	0%	0%	0%	0%	0%	0%	38%	42%	46%	64%	24%	46%	43%	53%	37%	34%	26%	50%	17%	44%
대전	0%	0%	40%	50%	56%	25%	0%	14%	26%	22%	62%	63%	63%	60%	43%	39%	39%	57%	43%	30%	39%
청주	0%	0%	0%	0%	40%	12%	0%	8%	14%	30%	31%	44%	38%	28%	60%	34%	22%	17%	24%	31%	38%
대구	0%	0%	0%	0%	40%	25%	0%	8%	24%	47%	44%	48%	24%	10%	25%	14%	13%	15%	48%	32%	26%
부산	0%	0%	0%	0%	0%	12%	0%	12%	27%	16%	45%	29%	29%	24%	50%	33%	20%	11%	9%	31%	21%
울산	0%	0%	0%	0%	0%	25%	0%	8%	22%	27%	59%	41%	43%	35%	48%	40%	20%	28%	28%	41%	29%
창원	13%	0%	100%	0%	13%	117%	0%	22%	48%	67%	30%	68%	32%	23%	40%	26%	26%	47%	25%	10%	42%
광주	40%	100%	0%	0%	0%	46%	0%	18%	20%	36%	41%	45%	33%	32%	23%	31%	31%	51%	44%	58%	30%
전주	0%	0%	0%	100%	0%	0%	0%	28%	45%	18%	67%	37%	33%	25%	18%	24%	34%	32%	38%	20%	31%
제주	0%	0%	0%	0%	0%	0%	0%	0%	18%	57%	50%	50%	25%	75%	83%	10%	13%	100%	20%	0%	35%
합계	21%	22%	50%	29%	18%	29%	0%	22%	36%	35%	42%	43%	38%	34%	33%	30%	22%	26%	27%	31%	31%

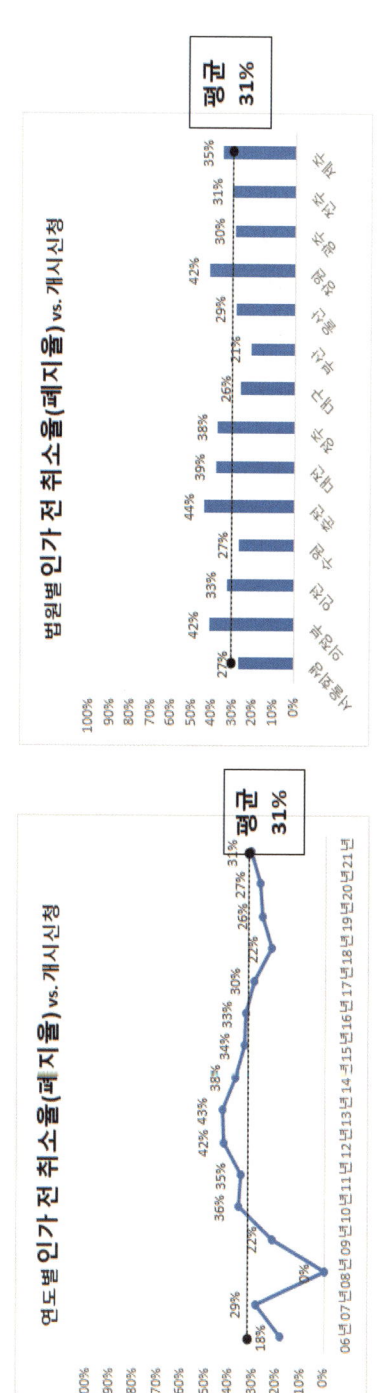

개시결정 후 인가 전 취소율 vs. 개시신청

연도별 인가 전 취소율(폐지) vs. 개시신청 — 평균 31%

법원별 인가 전 취소율(폐지)(기업회생절차) vs. 개시신청 — 평균 31%

<표 36> 개시결정 후 인가 전 기타율 (회사정리절차, 기업회생절차) 2002년 ~ 2021년, 전국 14개 지방법원별 비율 및 평균

개시결정 후 인가 전 기타율(회사정리절차) / 개시결정 후 인가 전 기타율vs. 개시신청(기업회생절차)

법원별	02년	03년	04년	05년	06년	07년	08년	09년	10년	11년	12년	13년	14년	15년	16년	17년	18년	19년	20년	21년	평균
서울회생	1%	0%	0%	0%	0%	0%	0%	0%	0%	0%	0%	0%	0%	0%	0%	0%	0%	0%	1%	0%	0.1%
의정부	0%	0%	0%	0%	0%	0%	0%	0%	0%	0%	0%	0%	0%	0%	0%	0%	0%	0%	0%	0%	0.0%
인천	0%	0%	0%	0%	0%	0%	0%	0%	0%	0%	0%	0%	0%	0%	0%	0%	0%	0%	0%	0%	0.0%
수원	0%	0%	0%	0%	0%	0%	0%	0%	0%	0%	0%	0%	0%	0%	0%	0%	0%	0%	0%	0%	0.0%
춘천	0%	0%	0%	0%	0%	0%	0%	0%	0%	0%	0%	0%	0%	0%	0%	0%	0%	0%	0%	0%	0.0%
대전	0%	0%	0%	0%	0%	0%	0%	0%	0%	0%	0%	0%	0%	0%	0%	0%	0%	0%	0%	0%	0.0%
청주	0%	0%	0%	0%	0%	0%	0%	0%	0%	0%	0%	0%	0%	0%	0%	3%	0%	0%	0%	0%	0.3%
대구	0%	0%	0%	0%	0%	0%	0%	0%	0%	0%	0%	3%	3%	0%	2%	0%	0%	0%	0%	0%	0.4%
부산	0%	0%	0%	0%	0%	0%	0%	0%	0%	0%	0%	0%	0%	0%	0%	0%	0%	0%	0%	0%	0.0%
울산	0%	0%	0%	0%	0%	0%	0%	0%	0%	0%	0%	0%	0%	0%	0%	1%	1%	0%	0%	0%	0.2%
창원	0%	0%	0%	0%	0%	0%	0%	0%	0%	0%	0%	0%	0%	0%	0%	0%	0%	0%	0%	0%	0.0%
광주	0%	0%	0%	0%	0%	0%	0%	0%	0%	0%	0%	0%	0%	0%	0%	0%	0%	0%	0%	4%	0.2%
전주	0%	0%	0%	0%	0%	0%	0%	0%	0%	0%	0%	0%	0%	0%	0%	0%	0%	0%	0%	0%	0.0%
제주	0%	0%	0%	0%	0%	0%	0%	0%	0%	0%	0%	0%	0%	0%	0%	0%	0%	0%	0%	0%	0.0%
합계	4%	0%	0%	0%	0.0%	0.0%	0.0%	0.0%	0.0%	0.0%	0.0%	0.1%	0.1%	0.1%	0.2%	0.5%	0.1%	0.1%	0.2%	0.1%	0.1%

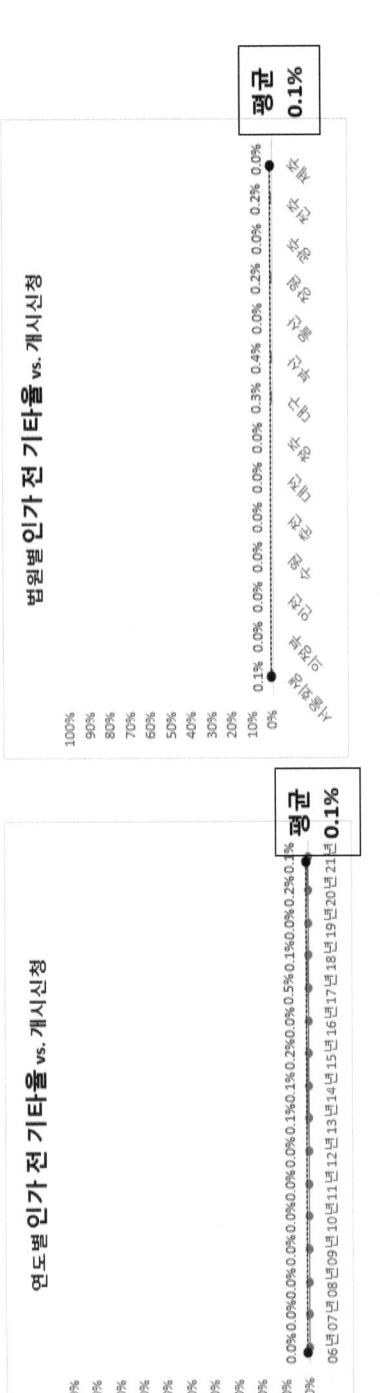

<표 37> 종결률(회사정리절차, 기업회생절차) 2002년 ~ 2021년, 전국 14개 지방법원별 비율 및 평균

법원	종결률(회사정리절차)				종결률 vs. 개시신청(기업회생절차)																평균
	02년	03년	04년	05년	06년	07년	08년	09년	10년	11년	12년	13년	14년	15년	16년	17년	18년	19년	20년	21년	
서울회생	180%	42%	114%	120%	40%	28%	3%	0%	3%	12%	16%	21%	20%	26%	34%	52%	43%	63%	55%	50%	29%
의정부	0%	0%	0%	100%	0%	0%	0%	0%	0%	3%	0%	3%	7%	4%	13%	14%	19%	4%	13%	40%	9%
인천	33%	125%	100%	250%	100%	67%	0%	0%	5%	5%	0%	5%	6%	57%	9%	34%	33%	36%	19%	88%	30%
수원	100%	100%	100%	140%	38%	17%	2%	0%	1%	6%	7%	13%	24%	35%	23%	39%	47%	13%	33%	34%	21%
춘천	0%	0%	0%	0%	0%	0%	100%	0%	13%	0%	10%	0%	0%	86%	25%	86%	25%	29%	25%	17%	21%
대전	0%	33%	20%	200%	0%	25%	0%	6%	0%	5%	0%	9%	9%	12%	9%	14%	19%	17%	13%	40%	13%
청주	0%	0%	0%	0%	0%	0%	8%	0%	0%	9%	0%	19%	19%	23%	27%	4%	39%	4%	7%	70%	14%
대구	400%	267%	0%	350%	80%	0%	0%	11%	4%	20%	9%	27%	40%	17%	20%	18%	15%	17%	23%	39%	21%
부산	100%	250%	50%	0%	60%	25%	8%	4%	3%	17%	12%	18%	15%	35%	41%	2%	19%	28%	32%	45%	19%
울산	0%	0%	0%	0%	33%	0%	10%	0%	4%	3%	6%	3%	12%	36%	13%	13%	17%	5%	19%	19%	16%
창원	200%	0%	300%	0%	0%	50%	0%	0%	1%	5%	22%	25%	30%	19%	45%	26%	36%	36%	40%	29%	21%
광주	40%	20%	20%	50%	0%	15%	0%	5%	11%	11%	15%	13%	13%	21%	2%	29%	14%	38%	68%	33%	21%
전주	0%	0%	0%	0%	0%	0%	0%	0%	0%	9%	0%	9%	18%	12%	45%	12%	17%	25%	22%	27%	10%
제주	0%	0%	0%	0%	0%	0%	0%	0%	0%	0%	0%	0%	0%	8%	2%	50%	30%	13%	20%	33%	13%
합계	125%	80%	106%	138%	29%	21%	2%	2%	3%	9%	11%	16%	19%	24%	25%	33%	34%	35%	36%	42%	22.8%

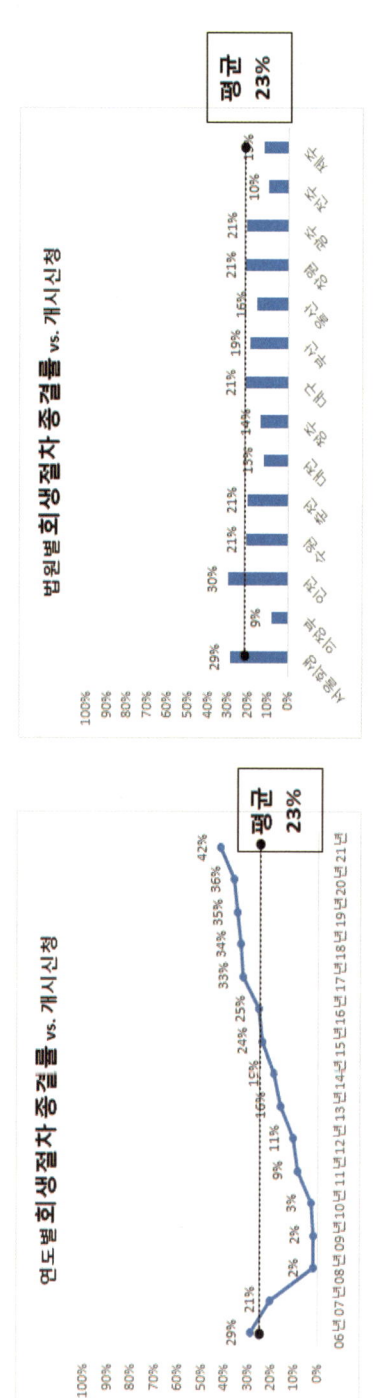

연도별 회생절차 종결률 vs. 개시신청

법원별 회생절차 종결률 vs. 개시신청

<표 38> 인가 후 폐지율(회사정리절차, 기업회생절차) 2002년 ~ 2021년, 전국 14개 지방법원별 비율 및 평균

인가 후 폐지율(회사정리절차)

법원명	02년	03년	04년	05년
서울회생	0%	5%	7%	20%
의정부	0%	0%	0%	0%
인천	100%	25%	50%	0%
수원	50%	0%	0%	0%
춘천	0%	0%	0%	0%
대전	0%	0%	0%	0%
청주	0%	0%	0%	50%
대구	200%	67%	0%	0%
부산	50%	50%	0%	0%
울산	0%	0%	0%	0%
창원	33%	0%	0%	33%
광주	0%	0%	100%	0%
전주	0%	0%	0%	0%
제주	0%	0%	0%	0%
합계	43%	13%	17%	16%

인가 후 폐지율 vs. 개시신청(기업회생절차)

법원명	06년	07년	08년	09년	10년	11년	12년	13년	14년	15년	16년	17년	18년	19년	20년	21년	평균
서울회생	7%	3%	16%	2%	8%	9%	14%	8%	5%	5%	8%	7%	3%	2%	3%	2%	6%
의정부	0%	0%	8%	8%	0%	5%	13%	3%	14%	25%	13%	11%	75%	36%	13%	70%	20%
인천	0%	17%	7%	0%	3%	5%	13%	9%	24%	50%	30%	8%	5%	15%	15%	38%	14%
수원	0%	0%	6%	2%	5%	3%	14%	28%	34%	33%	20%	14%	5%	5%	4%	3%	12%
춘천	0%	0%	200%	0%	7%	10%	21%	0%	0%	0%	13%	16%	43%	29%	0%	16%	25%
대전	0%	25%	0%	3%	5%	5%	29%	17%	24%	9%	14%	18%	7%	2%	21%	17%	10%
청주	0%	0%	50%	0%	5%	30%	38%	16%	16%	20%	31%	22%	13%	21%	80%	31%	25%
대구	0%	0%	3%	3%	4%	10%	12%	6%	32%	34%	14%	18%	11%	14%	33%	14%	17%
부산	20%	0%	7%	8%	13%	14%	6%	45%	21%	15%	30%	25%	11%	11%	9%	15%	15%
울산	33%	0%	30%	0%	0%	5%	19%	3%	18%	6%	27%	21%	13%	5%	6%	14%	14%
창원	0%	33%	40%	8%	3%	4%	16%	25%	23%	10%	3%	5%	5%	4%	8%	2%	11%
광주	0%	0%	15%	8%	9%	6%	6%	18%	17%	7%	14%	26%	26%	25%	28%	5%	11%
전주	0%	0%	0%	0%	0%	10%	10%	4%	13%	10%	4%	21%	21%	25%	30%	12%	9%
제주	0%	0%	0%	0%	9%	0%	0%	0%	0%	12%	0%	6%	20%	13%	9%	10%	3%
합계	4%	4%	15%	2%	6%	7%	13%	15%	16%	13%	13%	11%	9%	7%	9%	10%	10%

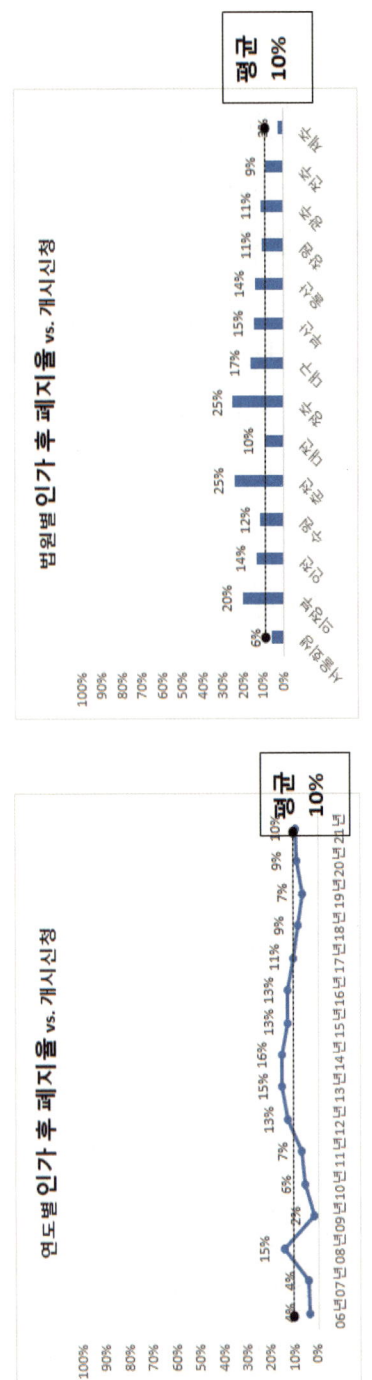

연도별 인가 후 폐지율 vs. 개시신청

법원별 인가 후 폐지율 vs. 개시신청

평균 10%

<표 39> 회생계획 인가 후 기타율(회사정리절차, 기업회생절차) 2002년 ~ 2021년, 전국 14개 지방법원별 비율 및 평균

인가 후 기타율(회사정리절차)

법원회생	02년	03년	04년	05년
서울회생	0%	0%	0%	0%
의정부	0%	0%	0%	0%
인천	0%	0%	0%	0%
수원	0%	0%	0%	0%
춘천	0%	0%	0%	0%
대전	0%	0%	0%	0%
청주	0%	0%	0%	0%
대구	0%	0%	0%	0%
부산	0%	0%	0%	0%
울산	0%	0%	0%	0%
창원	0%	0%	0%	0%
광주	0%	0%	0%	0%
전주	0%	0%	0%	0%
제주	0%	0%	0%	0%
합계	0%	0%	0%	0%

인가 후 기타율 vs. 개시신청(기업회생절차)

법원	06년	07년	08년	09년	10년	11년	12년	13년	14년	15년	16년	17년	18년	19년	20년	21년	평균
서울회생	0%	0%	2%	0%	0%	0%	0%	0%	0%	0%	0%	0%	0%	0%	0%	0%	0.1%
의정부	0%	0%	46%	0%	0%	0%	0%	0%	0%	0%	0%	0%	0%	0%	0%	0%	3.3%
인천	0%	0%	7%	0%	0%	0%	0%	0%	1%	0%	0%	0%	0%	0%	0%	0%	0.4%
수원	0%	0%	2%	0%	0%	0%	0%	0%	0%	0%	0%	0%	0%	0%	0%	0%	0.1%
춘천	0%	0%	50%	0%	0%	0%	0%	0%	0%	0%	0%	0%	0%	0%	0%	0%	3.6%
대전	0%	0%	0%	0%	0%	0%	0%	0%	0%	0%	0%	0%	0%	0%	0%	1%	0.1%
청주	0%	0%	0%	0%	0%	0%	0%	0%	0%	0%	0%	0%	0%	0%	0%	0%	0.0%
대구	0%	0%	3%	0%	0%	0%	0%	0%	0%	0%	0%	0%	0%	0%	0%	0%	0.2%
부산	0%	0%	0%	0%	0%	0%	0%	0%	0%	0%	0%	0%	0%	0%	0%	0%	0.0%
울산	100%	0%	0%	0%	0%	0%	0%	0%	0%	0%	0%	0%	0%	0%	0%	0%	6.3%
창원	0%	0%	0%	0%	0%	0%	0%	0%	0%	0%	0%	3%	1%	0%	0%	0%	0.2%
광주	0%	30%	0%	0%	0%	0%	0%	0%	0%	0%	0%	3%	0%	0%	0%	0%	1.9%
전주	0%	0%	0%	0%	0%	0%	0%	0%	0%	0%	0%	0%	0%	0%	0%	0%	0.0%
제주	0%	0%	0%	0%	0%	0%	0%	0%	0%	0%	0%	0%	0%	0%	0%	0%	0.0%
합계	4.5%	3.0%	3.3%	0.0%	0.0%	0.0%	0.0%	0.0%	0.2%	0.0%	0.0%	0.4%	0.1%	0.0%	0.0%	0.1%	0.2%

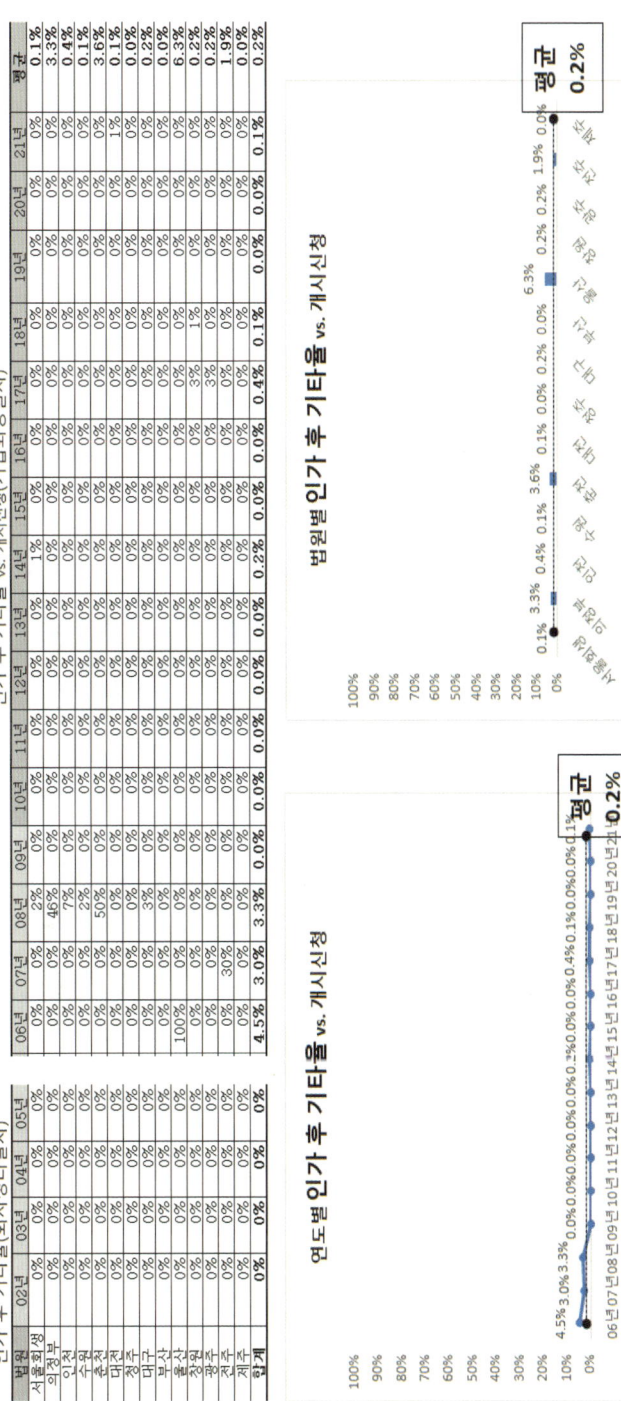

연도별 인가 후 기타율 vs. 개시신청

법원별 인가 후 기타율 vs. 개시신청

<표 40> 기업회생 vs. 기업파산 추세 비교(2006년 ~ 2022년)

기업 회생 vs. 기업파산 추세 비교

구분	06년	07년	08년	09년	10년	11년	12년	13년	14년	15년	16년	17년	18년	19년	20년	21년	22년
기업회생	76	116	352	669	627	712	803	835	873	925	936	878	980	1,003	892	717	661
기업파산	132	132	191	226	253	312	396	461	540	587	740	699	806	931	1,069	955	1,004

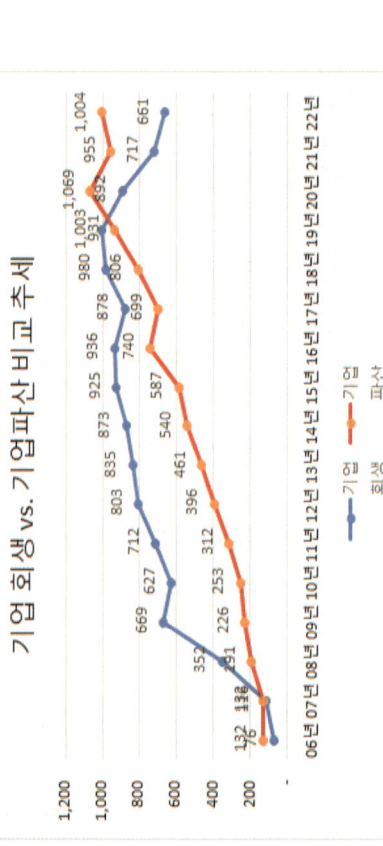

☞ 기업회생·기업파산에서 기업은 주식회사, 유한회사 등 법인격을 가진 기업이며 최근에는 "법인파산" "법인회생" 용어를 사용함.

<표 41> 법인파산사건 신청 접수(2005년 ~ 2021년), 전국 14개 지방법원별 숫자

법인파산사건 신청 접수

법원	05년	06년	07년	08년	09년	10년	11년	12년	13년	14년	15년	16년	17년	18년	19년	20년	21년	합계	비율
서울회생	53	73	74	74	122	122	183	190	222	246	307	390	351	402	445	445	393	4,039	48%
의정부	3	1	3	3	5	9	9	14	9	19	19	17	27	23	35	24	38	255	3%
인천	18	10	3	12	9	13	18	18	27	24	34	32	29	37	49	44	54	413	5%
수원	18	5	13	18	22	38	27	47	69	90	86	96	86	87	145	206	157	1,192	14%
춘천	0	0	0	4	3	3	3	3	2	2	1	10	2	12	10	5	7	65	1%
대전	4	6	3	29	14	7	12	21	16	30	22	36	46	55	60	72	85	514	6%
청주	2	3	3	3	3	5	12	7	12	2	8	10	9	17	17	16	16	158	2%
대구	7	8	11	24	13	11	10	26	26	29	34	36	39	36	36	66	53	458	5%
부산	1	8	6	2	6	16	16	15	25	13	25	43	32	31	28	62	47	375	4%
울산	4	4	1	4	7	2	3	3	6	8	8	9	13	12	14	13	23	130	2%
창원	9	5	3	3	11	11	7	18	24	25	16	29	29	39	44	35	22	321	4%
광주	4	4	8	12	7	14	9	17	12	22	22	11	15	30	19	37	29	262	3%
전주	6	5	0	3	5	2	2	12	12	21	12	12	13	16	21	29	18	173	2%
제주	0	0	0	4	0	0	1	5	2	3	4	2	8	9	8	15	13	75	1%
합계	129	132	132	191	226	253	312	396	461	540	587	740	699	806	931	1,069	955	8,430	100%

연도별 법인파산사건 신청 접수

법원별 법인파산사건 신청 접수

<표 42> 법인파산사건 인용(2005년 ~ 2021년), 전국 14개 지방법원별 숫자

법인파산사건 인용

법원	5년	6년	7년	8년	9년	10년	11년	12년	13년	14년	15년	16년	17년	18년	19년	20년	21년	합계	비율
서울회생	40	51	55	40	79	95	131	162	190	225	278	333	308	326	382	389	332	3,376	49%
의정부	4	0	0	6	1	8	7	12	8	8	16	12	21	20	21	25	30	195	3%
인천	14	6	6	8	9	12	15	14	19	21	28	20	28	26	44	35	37	328	5%
수원	17	8	9	4	13	26	21	40	53	82	84	59	68	71	122	166	152	978	14%
춘천	1	0	1	2	2	1	3	3	2	2	0	5	7	10	11	3	7	57	1%
대전	4	6	3	13	7	2	9	17	11	26	17	32	39	47	50	55	73	407	6%
청주	2	0	6	3	3	1	11	8	10	6	8	9	7	13	10	13	12	120	2%
대구	5	11	9	12	12	10	10	24	21	28	23	32	26	31	31	58	36	374	5%
부산	1	7	5	2	4	14	13	15	24	9	13	33	22	15	30	46	39	291	4%
울산	2	3	1	1	3	5	2	4	6	4	8	9	12	4	12	6	20	100	1%
창원	16	6	2	1	9	8	7	16	16	25	13	26	24	34	29	24	22	262	4%
광주	4	3	4	4	7	15	8	11	13	17	9	10	11	18	15	25	26	199	3%
전주	6	0	4	1	7	2	1	8	6	13	8	10	9	14	18	22	18	141	2%
제주	0	0	0	0	1	2	0	1	2	1	3	0	5	5	7	8	12	47	1%
합계	116	101	108	97	157	201	236	335	381	467	508	590	587	634	782	875	816	6,875	100%

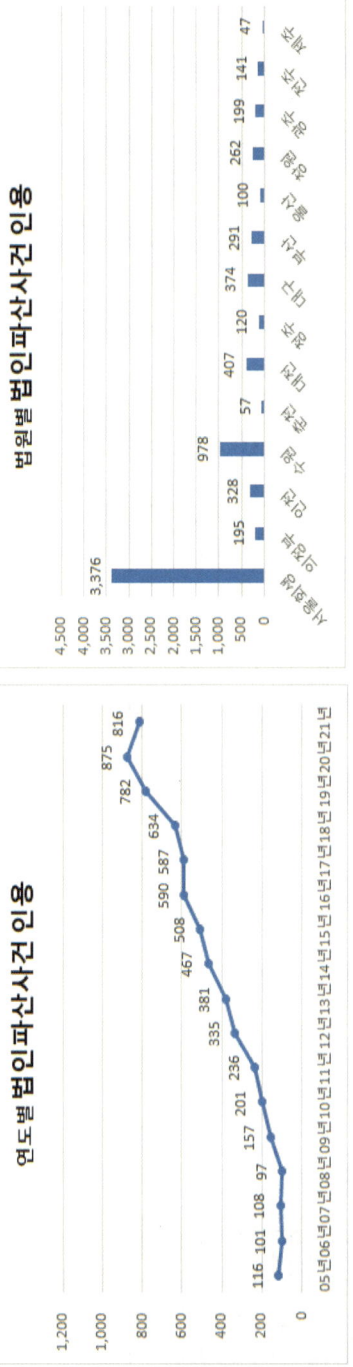

연도별 법인파산사건 인용

법원별 법인파산사건 인용

<표 43> 법인파산사건 기각(2005년 ~ 2021년), 전국 14개 지방법원별 숫자

법인파산사건 기각

법원	5년	6년	7년	8년	9년	10년	11년	12년	13년	14년	15년	16년	17년	18년	19년	20년	21년	합계	비율
서울회생	0	5	4	8	11	14	16	12	11	7	4	8	14	27	10	21	16	188	43%
의정부	0	0	0	1	1	1	1	0	0	5	3	0	1	2	3	4	0	23	5%
인천	1	0	0	0	0	0	1	2	6	0	2	0	1	1	2	1	3	20	5%
수원	0	0	0	0	0	6	2	4	3	10	5	7	5	2	3	7	4	58	13%
춘천	0	0	0	0	0	0	2	0	0	0	0	0	0	0	0	0	0	2	0%
대전	0	0	0	0	5	2	1	2	0	2	1	1	4	1	4	1	3	27	6%
청주	0	0	0	0	0	1	2	0	0	3	0	1	0	1	0	0	0	9	2%
대구	0	0	0	0	0	1	1	1	1	0	2	4	4	4	4	1	1	22	5%
부산	0	2	0	1	1	1	0	0	2	1	0	2	1	1	3	1	1	17	4%
울산	0	1	0	0	0	1	0	0	0	0	1	0	0	1	2	1	4	10	2%
창원	0	0	0	0	0	0	2	2	0	2	0	1	1	1	4	6	4	17	4%
광주	0	0	0	0	2	0	0	3	0	3	1	1	1	1	0	0	0	17	4%
전주	0	0	0	0	0	0	0	2	1	3	0	0	0	1	1	0	0	9	2%
제주	0	0	0	0	0	0	0	2	1	2	2	1	0	0	1	2	2	15	3%
합계	1	8	4	10	20	26	28	30	28	36	21	27	29	45	36	44	42	434	100%

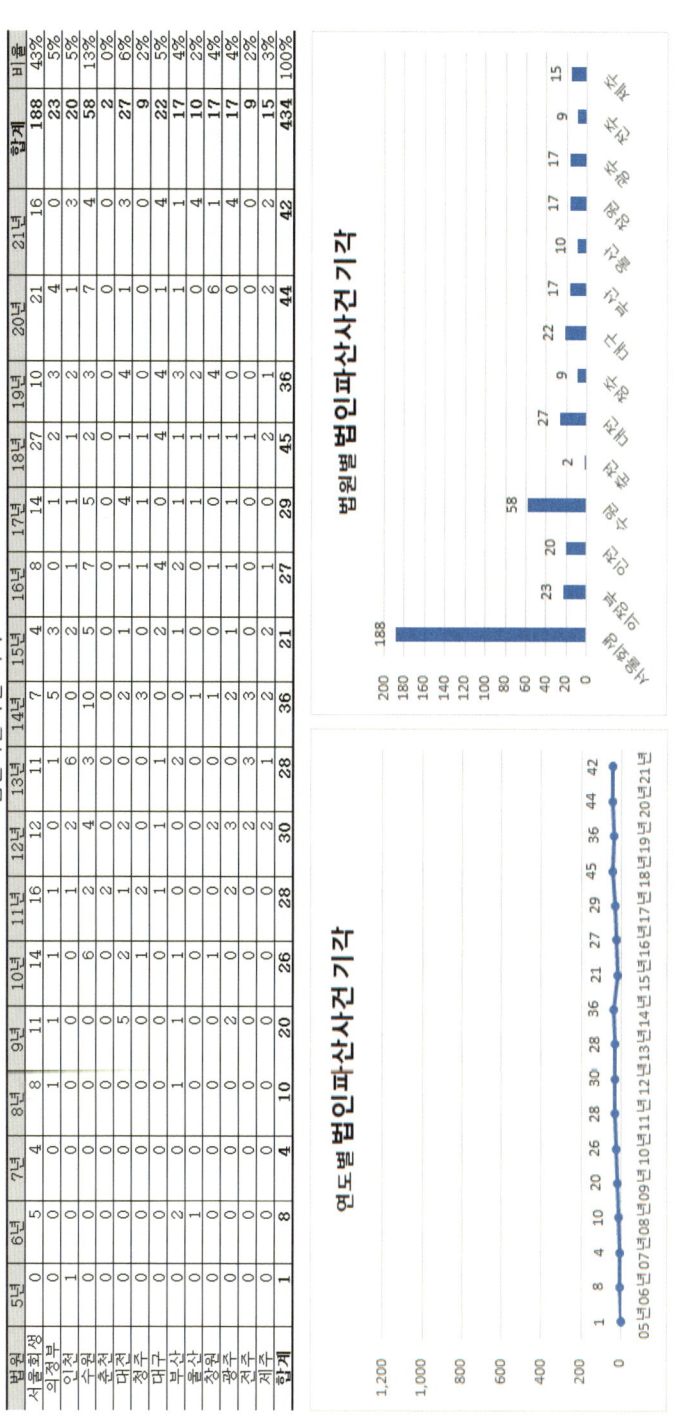

연도별 법인파산사건 기각

법원별 법인파산사건 기각

<표 44> 법인파산사건 취하(파산선고 전)(2005년 ~ 2021년), 전국 14개 지방법원별 숫자

법인파산사건 취하(파산선고 전)

법원	5년	6년	7년	8년	9년	10년	11년	12년	13년	14년	15년	16년	17년	18년	19년	20년	21년	합계	비율
서울회생	22	11	10	0	25	18	26	16	12	12	14	17	25	27	42	48	27	330	44%
의정부	0	0	0	0	1	0	0	4	2	2	1	3	5	2	4	2	0	24	3%
인천	1	0	0	0	1	0	3	4	1	1	2	7	2	4	3	10	5	42	6%
수원	0	0	1	0	1	7	2	5	5	5	5	26	14	11	8	19	6	111	15%
춘천	0	0	0	0	0	1	0	0	0	0	0	1	0	0	0	0	0	2	0%
대전	0	0	1	0	4	2	5	3	1	3	1	1	3	5	2	9	4	42	6%
청주	0	0	1	0	0	2	1	1	1	0	3	7	2	3	5	4	0	27	4%
대구	0	0	0	0	0	1	0	3	2	3	3	1	10	4	4	3	8	36	5%
부산	0	0	0	0	0	2	1	1	1	4	4	6	15	4	3	9	3	48	6%
울산	2	0	1	0	0	2	0	0	0	0	1	1	0	0	2	3	1	12	2%
창원	0	0	0	0	1	3	0	1	4	2	2	1	4	2	4	1	2	27	4%
광주	2	1	0	0	1	0	0	0	2	3	3	4	4	6	4	8	2	32	4%
전주	0	0	0	0	0	0	0	0	0	1	1	0	0	0	3	3	2	11	1%
제주	0	0	0	0	0	0	0	0	0	0	1	0	1	2	0	0	3	6	1%
합계	27	12	14	0	34	38	38	25	29	34	36	71	85	70	84	119	61	750	100%

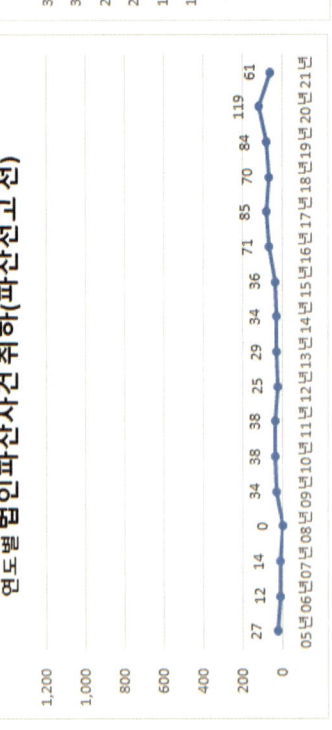

연도별 법인파산사건 취하(파산선고 전)

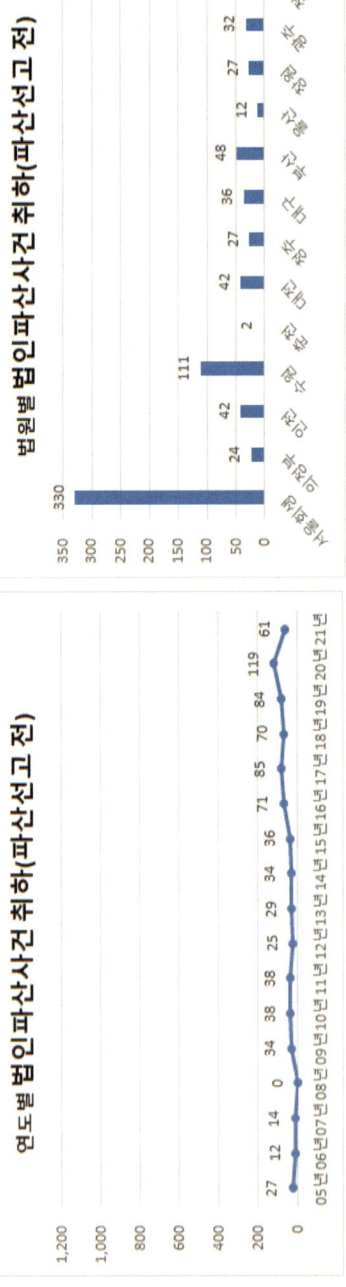

법원별 법인파산사건 취하(파산선고 전)

<표 45> 법인파산사건 기타(파산선고 후)(2005년 ~ 2021년), 전국 14개 지방법원별 숫자

법인파산사건 기타(파산선고 전)

법원	5년	6년	7년	8년	9년	10년	11년	12년	13년	14년	15년	16년	17년	18년	19년	20년	21년	합계	비율
서울회생	1	0	0	0	1	1	4	3	1	1	7	2	2	4	6	8	4	44	58%
의정부	0	0	0	0	0	0	0	0	0	0	2	0	0	0	0	0	1	3	4%
인천	2	0	2	0	0	0	0	0	0	0	0	0	0	0	1	0	0	2	3%
수원	0	1	0	0	0	0	0	0	1	0	0	0	0	0	1	4	1	8	11%
춘천	0	0	0	0	0	0	0	0	0	0	0	0	0	0	1	0	0	1	1%
대전	0	0	0	0	0	0	0	0	0	1	2	1	0	0	1	0	0	5	7%
청주	0	0	0	0	0	0	0	0	0	0	0	0	0	0	0	0	0	0	0%
대구	0	0	0	0	0	0	0	0	0	1	2	0	1	2	1	0	0	7	9%
부산	0	0	0	0	0	0	0	0	1	0	0	0	0	0	0	0	0	1	1%
울산	0	0	0	0	0	0	0	0	0	1	0	0	0	0	0	0	0	1	1%
창원	0	0	0	0	0	0	0	0	0	0	1	0	0	0	0	0	0	1	1%
광주	0	0	0	0	0	0	0	0	0	0	0	0	0	1	0	0	0	2	3%
전주	0	0	0	0	0	0	0	0	0	0	0	0	0	0	0	0	0	1	1%
제주	0	0	0	0	0	0	0	0	0	0	0	0	0	0	0	0	0	0	0%
합계	3	1	2	0	1	1	4	3	4	4	14	4	3	7	10	12	6	76	100%

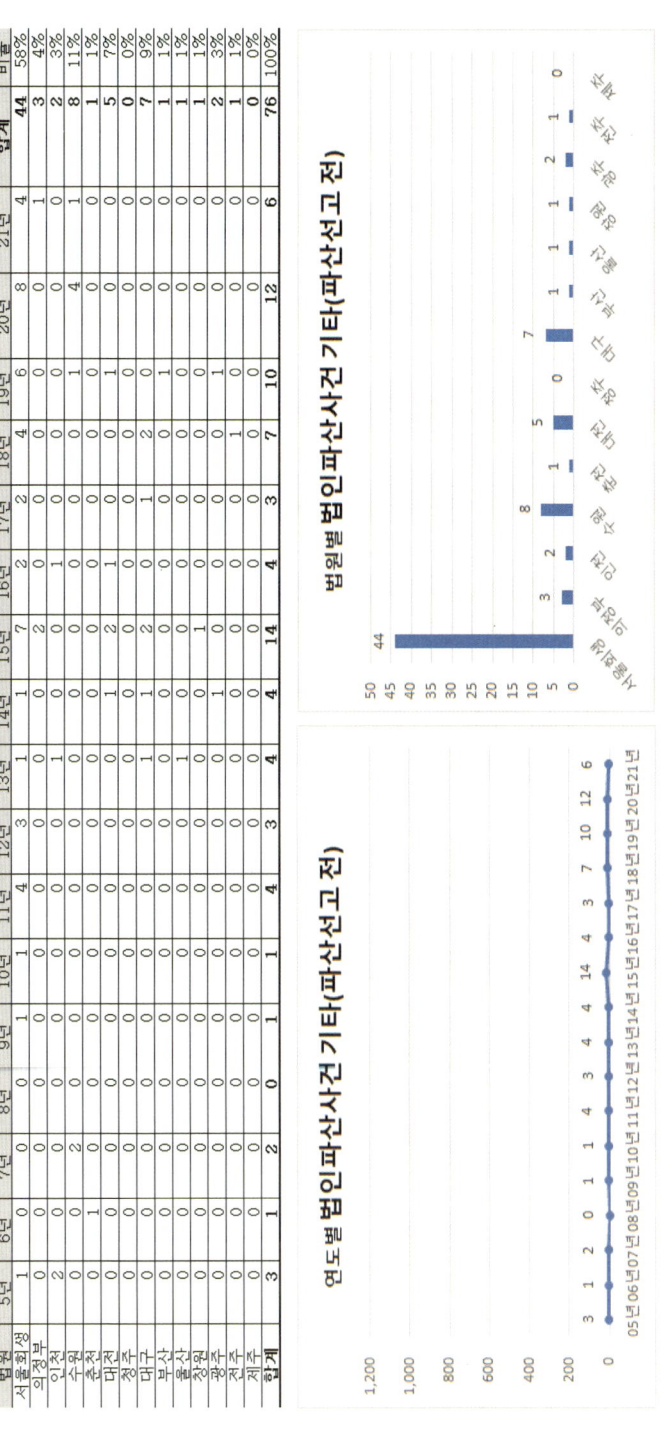

연도별 법인파산사건 기타(파산선고 전)

법원별 법인파산사건 기타(파산선고 전)

<표 46> 법인파산사건 종결(파산선고 후)(2005년 ~ 2021년), 전국 14개 지방법원별 숫자

법인파산사건 종결(파산선고 후)

법원	5년	6년	7년	8년	9년	10년	11년	12년	13년	14년	15년	16년	17년	18년	19년	20년	21년	합계	비율
서울회생	18	16	21	5	19	32	27	16	36	38	54	76	81	83	94	139	149	886	52%
의정부	1	0	0	1	0	1	5	0	0	2	2	1	2	2	2	6	5	28	2%
인천	1	2	5	1	0	1	4	3	2	3	2	4	6	8	9	11	16	78	5%
수원	3	1	1	1	0	1	0	1	2	6	10	8	17	19	32	41	49	189	11%
춘천	0	0	0	0	0	3	4	1	0	1	2	2	1	3	3	0	5	25	1%
대전	0	0	0	3	8	7	1	2	0	2	5	4	6	13	6	6	29	93	5%
청주	7	0	0	0	1	1	0	1	0	0	0	1	1	1	1	2	1	11	1%
대구	17	6	12	7	26	20	6	10	4	2	1	4	4	8	3	4	4	121	7%
부산	3	2	1	0	2	4	4	6	1	4	4	2	5	4	6	10	15	70	4%
울산	3	0	2	0	2	3	1	3	0	0	0	0	1	0	0	0	3	16	1%
창원	8	0	0	2	5	10	0	3	4	6	3	1	7	6	0	2	8	57	3%
광주	6	1	3	2	12	15	1	7	0	1	2	2	5	6	5	6	19	87	5%
전주	1	0	0	1	4	4	0	0	3	3	5	4	5	3	1	7	4	39	2%
제주	0	1	1	0	0	3	0	0	0	0	0	1	0	1	0	0	0	9	1%
합계	68	29	49	23	79	105	53	53	52	70	82	108	134	158	169	234	311	1,709	100%

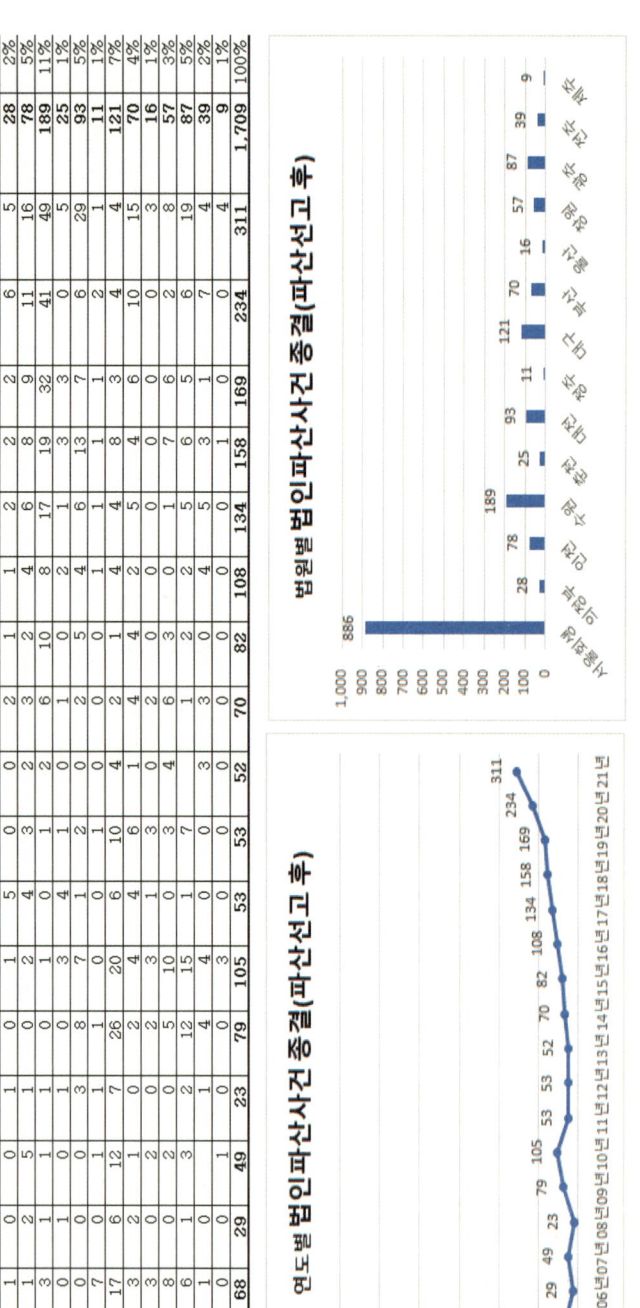

<표 47> 법인파산사건 폐지(파산선고 후)(2005년 ~ 2021년), 전국 14개 지방법원별 숫자

법인파산사건 폐지(파산선고 후)

법원	5년	6년	7년	8년	9년	10년	11년	12년	13년	14년	15년	16년	17년	18년	19년	20년	21년	합계	비율
서울회생	26	35	53	14	43	40	63	62	125	147	180	204	216	184	205	283	234	2,088	54%
의정부	1	0	1	0	0	0	0	0	10	4	3	7	6	9	13	21	24	98	3%
인천	8	7	1	4	0	3	5	10	9	12	16	15	15	16	11	31	24	174	5%
수원	10	1	5	0	3	1	3	15	9	27	35	37	39	65	77	102	95	515	13%
춘천	0	0	0	0	1	0	0	0	0	0	0	0	2	1	6	4	3	19	0%
대전	2	1	5	4	19	1	6	0	1	11	23	19	13	20	23	33	38	212	6%
청주	0	0	0	0	1	1	0	1	2	3	4	3	6	10	6	7	5	56	1%
대구	1	2	7	5	1	0	6	16	7	8	10	10	8	28	18	18	23	164	4%
부산	0	0	4	0	0	3	3	2	3	11	10	8	9	10	24	15	36	141	4%
울산	1	0	0	0	3	5	0	0	1	0	5	4	7	6	6	2	8	45	1%
창원	8	3	2	0	2	4	1	3	4	22	21	13	7	12	20	20	19	151	4%
광주	3	4	8	1	3	3	3	1	4	2	2	0	4	4	8	13	18	87	2%
전주	1	0	0	0	1	1	0	1	1	3	7	3	7	5	8	13	18	85	2%
제주	0	1	0	0	0	2	0	0	0	0	1	0	1	1	0	1	1	10	0%
합계	61	54	87	29	78	64	89	116	169	250	329	323	338	376	432	565	546	3,845	100%

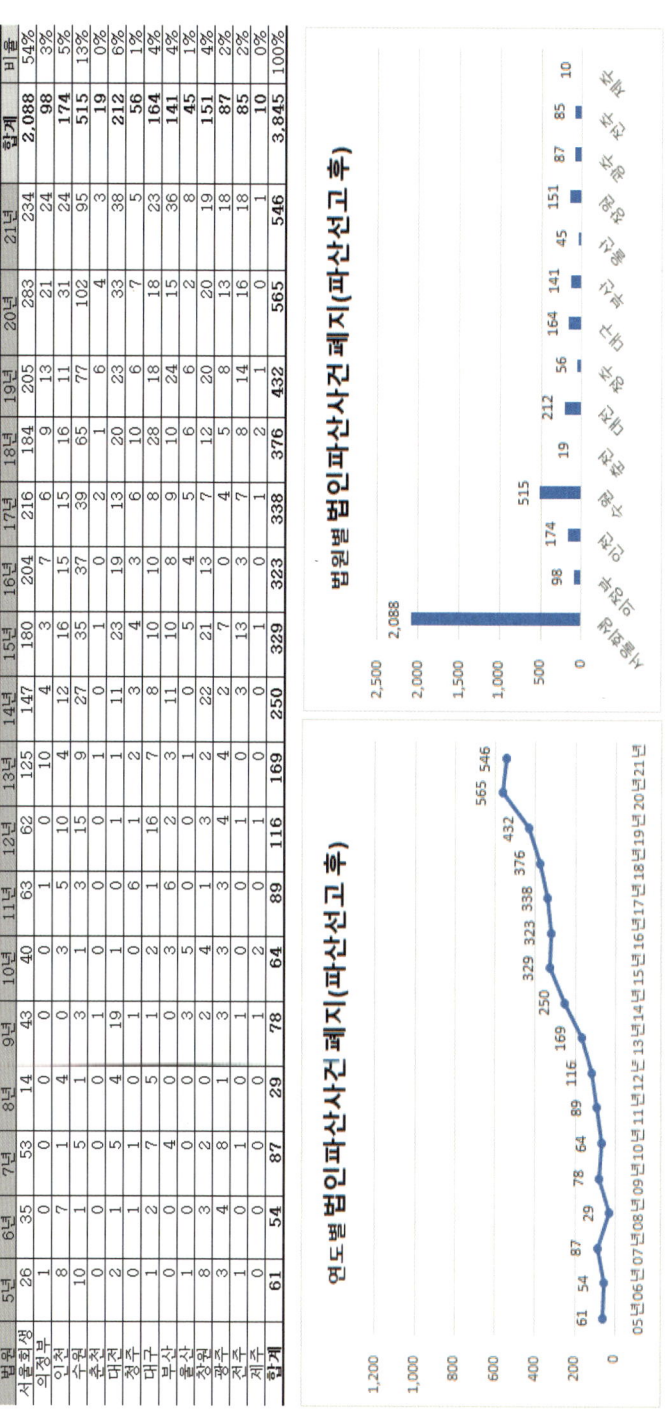

<표 48> 법인파산사건 기타(파산선고 후)(2005년 ~ 2021년), 전국 14개 지방법원별 숫자

법원	5년	6년	7년	8년	9년	10년	11년	12년	13년	14년	15년	16년	17년	18년	19년	20년	21년	합계	비율
서울회생	0	0	1	5	0	0	0	0	0	0	0	0	0	1	1	1	2	11	48%
의정부	0	0	0	0	0	0	0	0	0	0	0	0	0	0	0	1	0	1	4%
인천	0	0	0	1	0	0	0	0	0	0	0	0	0	0	0	0	0	1	4%
수원	0	0	0	0	0	0	0	0	0	0	1	0	0	0	0	0	0	1	4%
춘천	0	0	0	1	0	0	0	0	0	0	0	0	0	0	0	0	0	1	4%
대전	0	0	0	4	0	0	0	0	0	0	0	0	0	0	0	0	0	4	17%
청주	0	0	0	0	0	0	0	0	0	0	0	0	0	0	0	0	0	0	0%
대구	0	0	0	2	0	0	0	0	0	0	0	0	0	0	0	0	0	2	9%
부산	0	0	0	0	0	0	0	0	0	0	0	0	0	0	0	0	0	0	0%
울산	0	0	0	1	0	0	0	0	0	0	0	0	0	0	0	0	0	1	4%
창원	0	0	0	1	0	0	0	0	0	0	0	0	0	0	0	0	0	1	4%
광주	0	0	0	0	0	0	0	0	0	0	0	0	0	0	0	0	0	0	0%
전주	0	0	0	0	0	0	0	0	0	0	0	0	0	0	0	0	0	0	0%
제주	0	0	0	0	0	0	0	0	0	0	0	0	0	0	0	0	0	0	0%
합계	0	0	1	15	0	0	0	0	0	0	1	0	0	1	1	2	2	23	100%

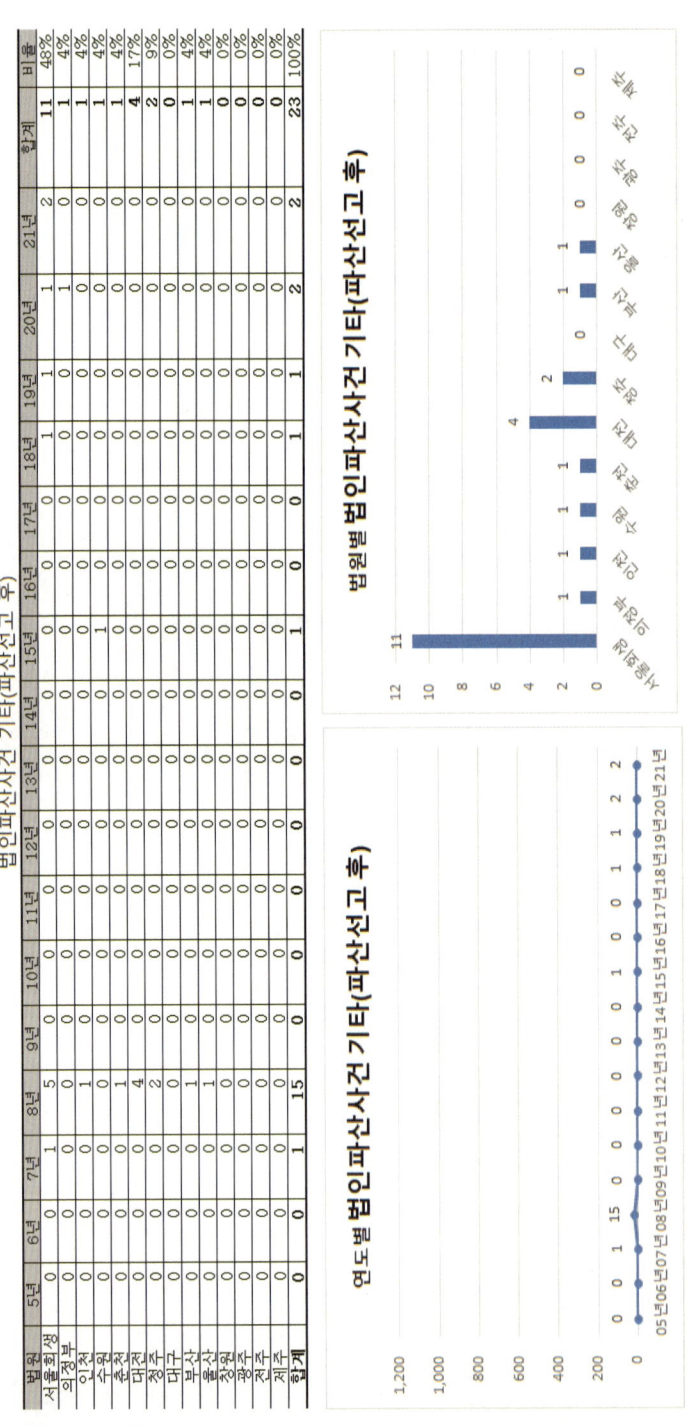

법인파산사건 기타(파산선고 후)

<표 49> 법인파산사건 인용율 vs. 파산신청 접수(2005년 ~ 2021년), 전국 14개 지방법원별 비율 및 평균

법원명	5년	6년	7년	8년	9년	10년	11년	12년	13년	14년	15년	16년	17년	18년	19년	20년	21년	평균
서울회생	75%	70%	74%	54%	65%	78%	72%	85%	86%	91%	85%	91%	88%	81%	86%	87%	84%	85%
의정부	133%	0%	0%	200%	20%	89%	78%	86%	89%	42%	71%	84%	78%	87%	60%	104%	79%	81%
인천	78%	60%	200%	67%	100%	92%	83%	86%	70%	88%	63%	82%	97%	70%	90%	80%	69%	92%
수원	94%	160%	69%	22%	59%	68%	78%	85%	77%	91%	61%	98%	79%	82%	84%	81%	97%	87%
춘천	0%	0%	25%	0%	100%	50%	33%	100%	100%	100%	50%	0%	350%	83%	110%	60%	100%	79%
대전	100%	100%	100%	45%	50%	29%	75%	81%	69%	87%	77%	89%	85%	85%	83%	76%	86%	82%
청주	100%	0%	200%	100%	100%	20%	92%	114%	83%	75%	80%	53%	78%	76%	59%	81%	75%	87%
대구	71%	138%	82%	50%	92%	91%	100%	92%	81%	97%	68%	89%	67%	86%	86%	88%	68%	90%
부산	100%	88%	83%	100%	67%	88%	81%	100%	96%	69%	52%	77%	69%	48%	107%	74%	83%	86%
울산	50%	75%	100%	25%	43%	250%	67%	133%	100%	50%	100%	100%	92%	33%	86%	46%	87%	90%
창원	178%	120%	67%	33%	82%	73%	100%	89%	67%	100%	90%	81%	83%	87%	66%	69%	100%	93%
광주	100%	75%	88%	33%	100%	107%	89%	65%	108%	77%	56%	91%	73%	60%	79%	68%	90%	85%
전주	100%	0%	0%	33%	140%	100%	50%	67%	67%	62%	160%	83%	69%	88%	86%	76%	100%	80%
제주	0%	0%	0%	0%	0%	200%	0%	20%	100%	33%	75%	0%	63%	56%	0%	53%	92%	49%
합계	90%	77%	82%	51%	69%	79%	76%	85%	83%	86%	87%	80%	84%	79%	84%	82%	85%	85%

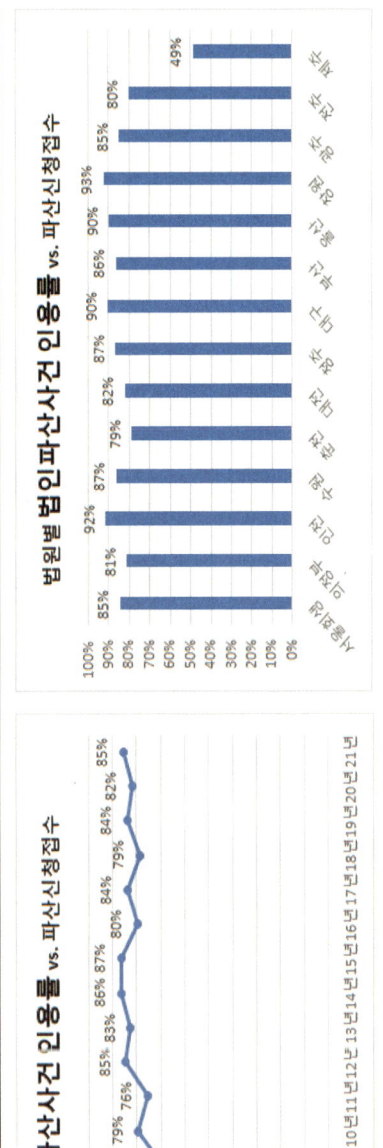

법원별 법인파산사건 인용율 vs. 파산신청접수

연도별 법인파산사건 인용율 vs. 파산신청접수

<표 50> 법인파산사건 기각률 vs. 파산신청 접수(2005년 ~ 2021년), 전국 14개 지방법원별 비율 및 평균

법인파산사건 기각률 vs. 파산신청접수

법원별	5년	6년	7년	8년	9년	10년	11년	12년	13년	14년	15년	16년	17년	18년	19년	20년	21년	평균
서울회생	0%	7%	5%	11%	9%	11%	9%	6%	5%	3%	1%	1%	4%	7%	2%	5%	4%	6%
의정부	0%	0%	0%	33%	20%	11%	11%	0%	11%	26%	16%	0%	4%	9%	9%	17%	0%	10%
인천	6%	0%	0%	0%	0%	16%	6%	11%	22%	0%	6%	3%	3%	3%	4%	2%	6%	4%
수원	0%	0%	0%	0%	0%	0%	7%	9%	4%	11%	0%	7%	6%	2%	0%	3%	3%	5%
춘천	0%	0%	0%	0%	0%	0%	67%	0%	0%	0%	0%	0%	0%	0%	2%	0%	0%	4%
대전	0%	0%	0%	0%	36%	29%	8%	10%	0%	7%	5%	3%	9%	0%	7%	1%	4%	7%
청주	0%	0%	0%	0%	0%	20%	17%	0%	0%	38%	0%	6%	11%	6%	0%	0%	0%	6%
대구	0%	0%	0%	0%	0%	0%	10%	4%	4%	0%	6%	11%	0%	11%	11%	2%	8%	4%
부산	0%	25%	0%	0%	17%	6%	0%	0%	8%	0%	4%	5%	3%	5%	11%	2%	2%	8%
울산	0%	25%	0%	50%	0%	0%	0%	0%	0%	13%	0%	8%	8%	14%	14%	0%	17%	5%
창원	0%	0%	0%	0%	0%	9%	11%	11%	0%	4%	0%	3%	0%	3%	9%	17%	5%	4%
광주	0%	0%	0%	0%	29%	0%	22%	18%	0%	9%	6%	9%	7%	7%	4%	0%	14%	7%
전주	0%	0%	0%	0%	0%	0%	0%	17%	33%	14%	0%	0%	0%	6%	0%	0%	0%	4%
제주	0%	0%	0%	0%	0%	0%	0%	40%	50%	67%	50%	50%	0%	22%	13%	13%	15%	20%
합계	1%	6%	3%	5%	9%	10%	9%	8%	6%	7%	4%	4%	4%	6%	4%	4%	4%	6%

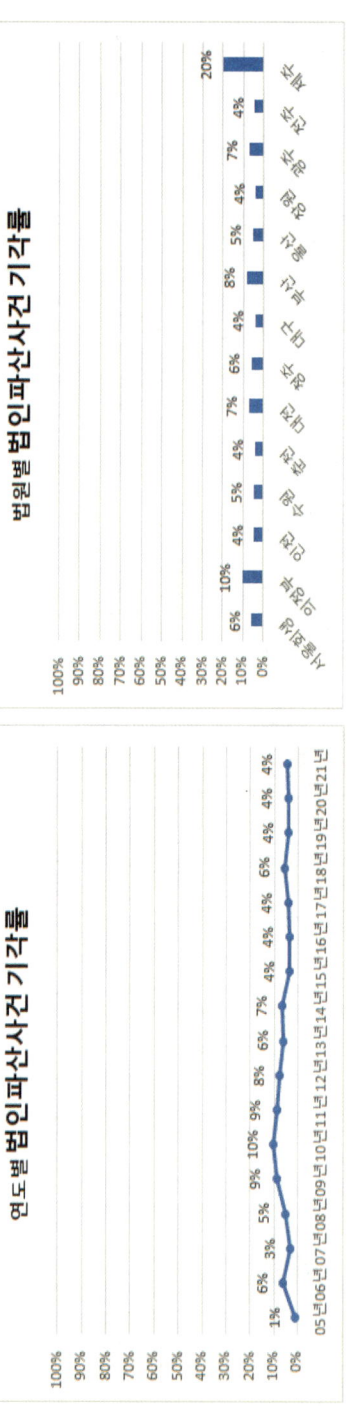

연도별 법인파산사건 기각률

법원별 법인파산사건 기각률

<표 51> 법인파산사건 취하율(파산선고 전) vs. 파산신청 접수(2005년 ~ 2021년), 전국 14개 지방법원별 비율 및 평균

법원	5년	6년	7년	8년	9년	10년	11년	12년	13년	14년	15년	16년	17년	18년	19년	20년	21년	평균
서울회생	42%	15%	14%	0%	20%	15%	14%	0%	5%	5%	5%	4%	7%	7%	9%	11%	7%	12%
의정부	0%	0%	0%	0%	20%	0%	0%	0%	22%	21%	5%	18%	19%	9%	11%	8%	0%	8%
인천	6%	0%	33%	0%	11%	0%	17%	6%	0%	17%	3%	22%	7%	11%	6%	23%	9%	11%
수원	0%	0%	0%	0%	5%	18%	7%	4%	7%	6%	6%	27%	16%	13%	6%	9%	4%	8%
춘천	0%	0%	25%	0%	0%	50%	0%	0%	0%	0%	0%	0%	0%	0%	0%	0%	0%	5%
대전	0%	0%	0%	0%	29%	29%	42%	10%	6%	10%	5%	3%	7%	9%	3%	13%	5%	11%
청주	0%	0%	33%	0%	0%	40%	8%	14%	8%	0%	0%	41%	22%	18%	29%	25%	0%	15%
대구	0%	0%	0%	0%	0%	9%	0%	0%	8%	0%	9%	3%	26%	11%	11%	5%	15%	6%
부산	0%	0%	0%	0%	0%	13%	6%	7%	0%	8%	16%	14%	47%	13%	7%	15%	6%	9%
울산	50%	0%	100%	0%	0%	100%	0%	0%	0%	0%	13%	11%	11%	5%	21%	23%	4%	20%
창원	0%	0%	0%	0%	9%	27%	0%	6%	17%	8%	13%	3%	14%	5%	9%	3%	9%	8%
광주	0%	25%	0%	0%	14%	0%	0%	8%	0%	9%	19%	9%	27%	20%	21%	22%	7%	11%
전주	33%	0%	0%	0%	0%	0%	0%	8%	22%	5%	20%	0%	0%	0%	14%	10%	0%	7%
제주	0%	0%	0%	0%	0%	0%	0%	0%	0%	0%	0%	0%	13%	22%	0%	0%	23%	4%
합계	0%	0%	0%	0%	0%	15%	12%	6%	6%	6%	6%	10%	12%	9%	9%	11%	6%	7%

연도별 법인파산사건 취하율(파산선고 전)

별원별 법인파산사건 취하율(파산선고 전)

<표 52> 법인파산사건 기타율(파산선고 전) vs. 파산신청 접수(2005년 ~ 2021년), 전국 14개 지방법원별 비율 및 평균

법인파산사건 기타율 vs. 파산신청건수(파산선고 전)

법원	5년	6년	7년	8년	9년	10년	11년	12년	13년	14년	15년	16년	17년	18년	19년	20년	21년	평균
서울회생	2%	0%	0%	0%	1%	1%	2%	0%	0%	0%	2%	1%	1%	1%	1%	2%	1%	1%
의정부	0%	0%	0%	0%	0%	0%	0%	0%	0%	0%	11%	0%	0%	0%	0%	0%	3%	1%
인천	11%	0%	0%	0%	0%	0%	0%	0%	4%	0%	0%	3%	0%	0%	0%	0%	0%	1%
수원	0%	0%	15%	0%	0%	0%	0%	0%	0%	0%	0%	0%	0%	0%	1%	2%	1%	1%
춘천	0%	0%	0%	0%	0%	0%	0%	0%	0%	3%	0%	0%	0%	0%	0%	0%	0%	0%
대전	0%	0%	0%	0%	0%	0%	0%	0%	0%	3%	9%	3%	0%	0%	2%	0%	0%	1%
청주	0%	0%	0%	0%	0%	0%	0%	0%	0%	3%	6%	0%	0%	0%	0%	0%	0%	1%
대구	0%	0%	0%	0%	0%	0%	0%	0%	4%	0%	6%	0%	3%	6%	4%	0%	0%	1%
부산	0%	0%	0%	0%	0%	0%	0%	0%	17%	0%	0%	0%	0%	0%	0%	0%	0%	1%
울산	0%	0%	0%	0%	0%	0%	0%	0%	0%	5%	6%	0%	0%	0%	5%	0%	0%	0%
창원	0%	0%	0%	0%	0%	0%	0%	0%	0%	0%	0%	0%	0%	6%	0%	2%	1%	0%
광주	0%	0%	0%	0%	0%	0%	0%	0%	0%	0%	0%	0%	0%	0%	0%	0%	0%	0%
전주	0%	0%	0%	0%	0%	0%	0%	0%	0%	0%	0%	0%	0%	0%	0%	0%	0%	0%
제주	0%	0%	0%	0%	0%	0%	0%	0%	0%	0%	0%	0%	0%	0%	0%	0%	0%	0%
합계	2%	1%	2%	0%	0%	0%	1%	1%	1%	1%	2%	1%	0%	1%	1%	1%	1%	1%

연도별 법인파산사건 기타율(파산선고 전)

법원별 법인파산사건 기타율(파산선고 전)

<표 53> 법인파산사건 종결률 vs. 파산신청 접수(2005년 ~ 2021년), 전국 14개 지방법원별 비율 및 평균

법인파산사건 종결률 vs. 파산신청건수(파산선고 후)

법원	5년	6년	7년	8년	9년	10년	11년	12년	13년	14년	15년	16년	17년	18년	19년	20년	21년	평균
서울회생	34%	22%	28%	7%	16%	26%	15%	8%	16%	15%	18%	19%	23%	21%	21%	31%	38%	22%
의정부	33%	0%	0%	33%	0%	11%	56%	0%	0%	11%	5%	6%	7%	9%	6%	25%	13%	13%
인천	6%	20%	167%	8%	0%	15%	22%	17%	7%	13%	6%	13%	21%	22%	18%	25%	30%	26%
수원	17%	20%	8%	6%	0%	3%	0%	2%	3%	7%	12%	8%	20%	22%	22%	20%	31%	12%
춘천	0%	0%	0%	0%	0%	150%	133%	33%	0%	50%	0%	20%	50%	25%	30%	0%	71%	35%
대전	0%	0%	0%	10%	57%	100%	8%	0%	0%	7%	23%	11%	13%	24%	12%	8%	34%	20%
청주	350%	0%	33%	33%	33%	0%	0%	14%	0%	0%	0%	6%	11%	6%	6%	13%	6%	32%
대구	243%	75%	109%	29%	200%	182%	60%	38%	15%	0%	3%	11%	10%	22%	8%	8%	8%	64%
부산	300%	25%	17%	0%	33%	25%	25%	40%	4%	31%	16%	5%	16%	13%	21%	16%	32%	39%
울산	75%	0%	200%	0%	29%	150%	33%	100%	0%	25%	0%	0%	0%	0%	0%	0%	13%	39%
창원	89%	0%	67%	0%	45%	91%	33%	17%	17%	24%	19%	3%	18%	18%	14%	6%	36%	28%
광주	150%	25%	38%	17%	171%	107%	11%	41%	0%	5%	13%	18%	33%	20%	26%	16%	66%	47%
전주	17%	0%	0%	33%	80%	200%	0%	0%	33%	14%	0%	33%	38%	19%	5%	24%	22%	32%
제주	0%	0%	0%	0%	0%	300%	0%	0%	0%	0%	0%	0%	0%	11%	0%	31%	31%	21%
합계	53%	22%	37%	12%	35%	42%	17%	13%	11%	13%	14%	15%	19%	20%	18%	22%	33%	25%

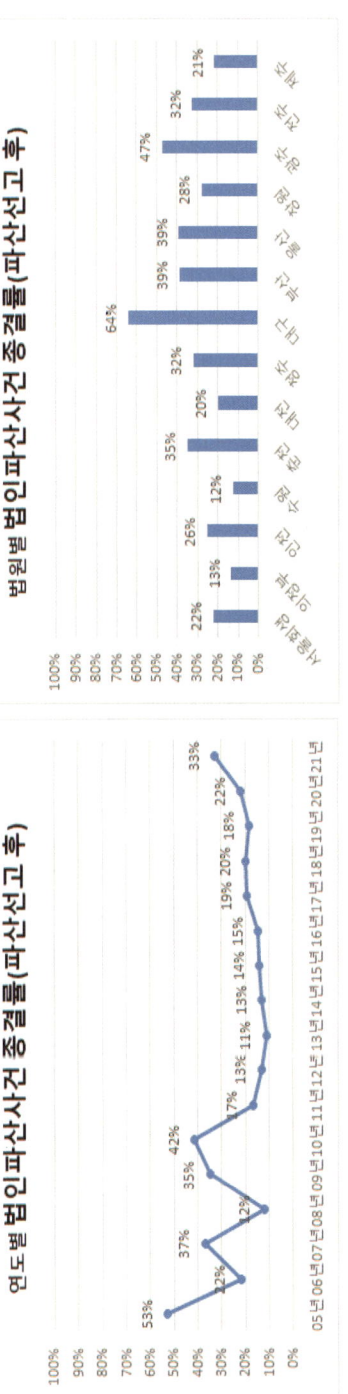

<표 54> 법인파산사건 폐지율(파산선고 후) vs. 파산신청 접수(2005년 ~ 2021년), 전국 14개 지방법원별 비율 및 평균

법원	5년	6년	7년	8년	9년	10년	11년	12년	13년	14년	15년	16년	17년	18년	19년	20년	21년	평균
서울회생	49%	48%	72%	19%	35%	33%	34%	33%	56%	60%	59%	52%	62%	46%	46%	64%	60%	52%
의정부	33%	0%	0%	0%	0%	0%	0%	0%	0%	21%	16%	41%	22%	39%	37%	88%	63%	30%
인천	44%	70%	33%	33%	0%	23%	28%	56%	111%	50%	47%	47%	52%	43%	22%	70%	44%	42%
수원	56%	20%	38%	6%	14%	3%	11%	32%	15%	30%	41%	39%	45%	75%	53%	50%	61%	37%
춘천	0%	0%	0%	0%	50%	0%	0%	0%	13%	0%	100%	0%	100%	0%	60%	80%	43%	31%
대전	50%	17%	167%	14%	136%	14%	0%	5%	50%	37%	105%	53%	28%	36%	38%	46%	45%	50%
청주	0%	33%	33%	0%	33%	33%	50%	14%	6%	38%	40%	18%	67%	59%	35%	44%	31%	32%
대구	14%	25%	64%	21%	8%	18%	10%	62%	17%	28%	29%	28%	21%	78%	50%	27%	43%	34%
부산	0%	0%	67%	0%	43%	19%	38%	13%	27%	85%	40%	19%	28%	32%	86%	24%	77%	34%
울산	25%	0%	0%	0%	0%	250%	0%	0%	12%	0%	63%	44%	38%	50%	43%	15%	35%	39%
창원	89%	60%	67%	0%	18%	36%	14%	17%	17%	88%	131%	45%	24%	31%	45%	57%	86%	51%
광주	75%	100%	100%	8%	43%	21%	33%	24%	8%	9%	44%	0%	27%	17%	42%	35%	62%	42%
전주	17%	0%	0%	0%	20%	0%	0%	8%	33%	14%	260%	25%	54%	50%	67%	55%	100%	42%
제주	0%	0%	0%	0%	0%	200%	0%	20%	0%	0%	25%	0%	13%	22%	13%	0%	8%	19%
합계	47%	41%	66%	15%	35%	25%	29%	29%	37%	46%	56%	44%	48%	47%	46%	53%	57%	45%

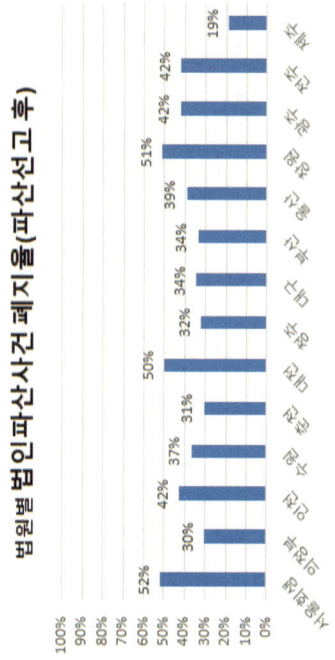

연도별 법인파산사건 폐지율(파산선고 후)

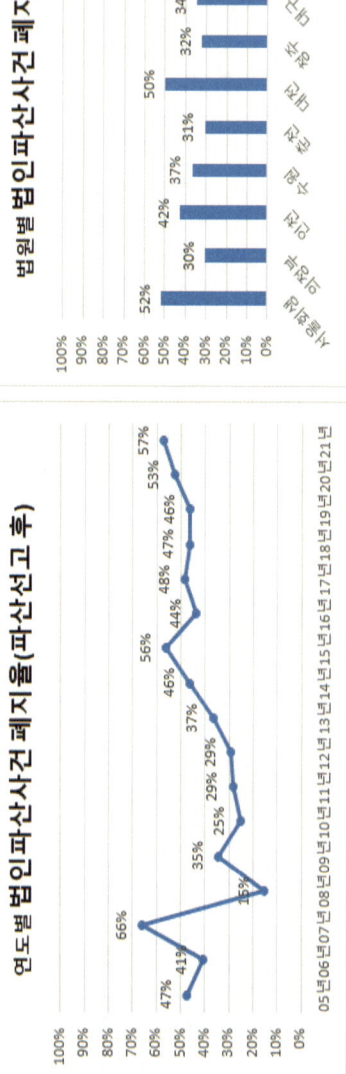

법원별 법인파산사건 폐지율(파산선고 후)

<표 55> 법인파산사건 기타율(파산선고 후) vs. 파산신청 접수(2005년 ~ 2021년), 전국 14개 지방법원별 비율 및 평균

법인파산사건 기타율 vs. 파산신청접수(파산선고 후)

법원	5년	6년	7년	8년	9년	10년	11년	12년	13년	14년	15년	16년	17년	18년	19년	20년	21년	평균
서울회생	0%	0%	1%	7%	0%	0%	0%	0%	0%	0%	0%	0%	0%	0%	0%	0%	1%	1%
의정부	0%	0%	0%	0%	0%	0%	0%	0%	0%	0%	0%	0%	0%	0%	0%	4%	0%	0%
인천	0%	0%	0%	8%	0%	0%	0%	0%	0%	0%	0%	0%	0%	0%	0%	0%	0%	1%
수원	0%	0%	0%	0%	0%	0%	0%	0%	0%	0%	1%	0%	0%	0%	0%	0%	0%	0%
춘천	0%	0%	0%	0%	0%	0%	0%	0%	0%	0%	0%	0%	0%	0%	0%	0%	0%	0%
대전	0%	0%	0%	14%	0%	0%	0%	0%	0%	0%	0%	0%	0%	0%	0%	0%	0%	1%
청주	0%	0%	0%	67%	0%	0%	0%	0%	0%	0%	0%	0%	0%	0%	0%	0%	0%	4%
대구	0%	0%	0%	0%	0%	0%	0%	0%	0%	0%	0%	0%	0%	0%	0%	0%	0%	0%
부산	0%	0%	0%	50%	0%	0%	0%	0%	0%	0%	0%	0%	0%	0%	0%	0%	0%	3%
울산	0%	0%	0%	25%	0%	0%	0%	0%	0%	0%	0%	0%	0%	0%	0%	0%	0%	2%
창원	0%	0%	0%	0%	0%	0%	0%	0%	0%	0%	0%	0%	0%	0%	0%	0%	0%	0%
광주	0%	0%	0%	0%	0%	0%	0%	0%	0%	0%	0%	0%	0%	0%	0%	0%	0%	0%
전주	0%	0%	0%	0%	0%	0%	0%	0%	0%	0%	0%	0%	0%	0%	0%	0%	0%	0%
제주	0%	0%	0%	0%	0%	0%	0%	0%	0%	0%	0%	0%	0%	0%	0%	0%	0%	0%
합계	0%	0%	1%	8%	0%	0%	0%	0%	0%	0%	0%	0%	0%	0%	0%	0%	0%	1%

연도별 법인파산사건 기타율(파산선고 후)

법원별 법인파산사건 기타율(파산선고 후)

기업회생절차의
성공하는 7가지 조건

초판 1쇄 인쇄	2024년 09월 04일
초판 1쇄 발행	2024년 09월 30일

신고번호	제313-2010-376호
등록번호	105-91-58839

지은이	설성화

발행처	보민출판사
발행인	김국환
기획	김선희
편집	조예슬
디자인	김민정

ISBN	979-11-6957-103-8	03360

주소	경기도 파주시 해올로 11, 우미린더퍼스트@ 상가 2동 109호
전화	070-8615-7449
사이트	www.bominbook.com

• 가격은 뒤표지에 있으며, 파본은 구입하신 서점에서 교환해드립니다.
• 이 책은 저작권법에 의하여 보호를 받는 저작물이므로 무단 전재와 복사를 금합니다.